仕事皆烟 不尊权 传

科学家学术成长资料采集工程
中国工程院院士传记丛书

罗兴波 刘巍 齐婧 ◎ 著

1919年	1937年	1947年	1950年	1997年	2012年
生于北京	考入国立中央大学农艺系	赴美国肯塔基州立大学农学院学习	归国工作	当选中国工程院院士	逝世于郑州

老科学家学术成长资料采集工程
中国工程院院士传记 丛书

往事皆烟

朱尊权 传

罗兴波 刘巍 齐婧 ◎ 著

中国科学技术出版社
上海交通大学出版社

图书在版编目（CIP）数据

往事皆烟：朱尊权传／罗兴波，刘巍，齐婧著.
—北京：中国科学技术出版社，2014.1
（老科学家学术成长资料采集工程　中国工程院院士传记丛书）
ISBN 978-7-5046-6479-2

Ⅰ．①往… Ⅱ．①罗… ②刘… ③齐… Ⅲ．①朱尊权（1919—2012）-传记　Ⅳ．① K826.16

中国版本图书馆 CIP 数据核字（2013）第 283995 号

出版人	苏　青　韩建民
责任编辑	许　慧　韩　颖
责任校对	凌红霞
责任印制	张建农　马宇晨
版式设计	中文天地

出　　版	中国科学技术出版社　上海交通大学出版社
发　　行	科学普及出版社发行部
地　　址	北京市海淀区中关村南大街16号
邮　　编	100081
发行电话	010-62173865
传　　真	010-62179148
网　　址	http://www.cspbooks.com.cn

开　　本	787mm×1092mm　1/16
字　　数	185千字
印　　张	12.75
彩　　插	2
版　　次	2014年1月第1版
印　　次	2014年1月第1次印刷
印　　刷	北京华联印刷有限公司
书　　号	ISBN 978-7-5046-6479-2 / K·137
定　　价	43.00元

（凡购买本社图书，如有缺页、倒页、脱页者，本社发行部负责调换）

老科学家学术成长资料采集工程
领导小组专家委员会

主　任：杜祥琬

委　员：（以姓氏拼音为序）

　　　　巴德年　　陈佳洱　　胡启恒　　李振声
　　　　王礼恒　　王春法　　张　勤

老科学家学术成长资料采集工程
丛书组织机构

特邀顾问（以姓氏拼音为序）

　　　　樊洪业　　方　新　　齐　让　　谢克昌

编委会

主　任：王春法　　张　藜

成　员：（以姓氏拼音为序）

　　　　艾素珍　　曹振全　　董庆九　　胡化凯　　韩建民
　　　　景晓东　　李虹鸣　　廖育群　　罗　晖　　吕瑞花
　　　　苏　青　　王康友　　王扬宗　　夏　强　　张柏春
　　　　张大庆　　张　剑　　张九辰　　周德进

编委会办公室

主　任：张　藜　　许向阳

副主任：许　慧　　张利洁　　刘佩英

成　员：（以姓氏拼音为序）

　　　　崔宇红　　冯　勤　　何继红　　何素兴　　李金涛
　　　　李俊卿　　李惠兴　　刘　洋　　罗兴波　　沈林苣
　　　　万红军　　王传超　　言　挺　　余　君　　张晓华
　　　　周　勇

老科学家学术成长资料采集工程简介

老科学家学术成长资料采集工程（以下简称"采集工程"）是根据国务院领导同志的指示精神，由国家科教领导小组于2010年正式启动，中国科协牵头，联合中组部、教育部、科技部、工信部、财政部、文化部、国资委、解放军总政治部、中国科学院、中国工程院、国家自然科学基金委员会等11部委共同实施的一项抢救性工程，旨在通过实物采集、口述访谈、录音录像等方法，把反映老科学家学术成长历程的关键事件、重要节点、师承关系等各方面的资料保存下来，为深入研究科技人才成长规律，宣传优秀科技人物提供第一手资料和原始素材。按照国务院批准的《老科学家学术成长资料采集工程实施方案》，采集工程一期拟完成300位老科学家学术成长资料的采集工作。

采集工程是一项开创性工作。为确保采集工作规范科学，启动之初即成立了由中国科协主要领导任组长、12个部委分管领导任成员的领导小组，负责采集工程的宏观指导和重要政策措施制定，同时成立领导小组专家委员会负责采集原则确定、采集名单审定和学术咨询，委托中国科学技术史学会承担具体组织和业务指导工作，建立专门的馆藏基地确保采集资料的永久性收藏和提供使用，并研究制定了《采集工作流程》、《采集工作规范》等一系列基础文件，作为采集人员的工作指南。截至2012年底，已启动247位老科学家的学术成长资料采集工作，获得手稿、书信等实物原件资料21496件，数字化资料72310件，视频资料96582分钟，音频资料104289分钟，具有重要的史料价值。

采集工程的成果目前主要有三种体现形式，一是建设一套系统的"老科学家学术成长资料数据库"（本丛书简称"采集工程数据库"），提供学术研究和弘扬科学精神、宣传科学家之用；二是编辑制作科学家专题资料片系列，以视频形式播出；三是研究撰写客观反映老科学家学术成长经历的研究报告，以学术传记的形式，与中国科学院、中国工程院联合出版。随着采集工程的不断拓展和深入，将有更多形式的采集成果问世，为社会公众了解老科学家的感人事迹，探索科技人才成长规律，研究中国科技事业的发展历程提供客观翔实的史料支撑。

总序一

中国科学技术协会主席　韩启德

老科学家是共和国建设的重要参与者，也是新中国科技发展历史的亲历者和见证者，他们的学术成长历程生动反映了近现代中国科技事业与科技教育的进展，本身就是新中国科技发展历史的重要组成部分。针对近年来老科学家相继辞世、学术成长资料大量散失的突出问题，中国科协于2009年向国务院提出抢救老科学家学术成长资料的建议，受到国务院领导同志的高度重视和充分肯定，并明确责成中国科协牵头，联合相关部门共同组织实施。根据国务院批复的《老科学家学术成长资料采集工程实施方案》，中国科协联合中组部、教育部、科技部、工业和信息化部、财政部、文化部、国资委、解放军总政治部、中国科学院、中国工程院、国家自然科学基金委员会等11部委共同组成领导小组，从2010年开始组织实施老科学家学术成长资料采集工程。

老科学家学术成长资料采集是一项系统工程，通过文献与口述资料的搜集和整理、录音录像、实物采集等形式，把反映老科学家求学历程、师承关系、科研活动、学术成就等学术成长中关键节点和重要事件的口述资料、实物资料和音像资料完整系统地保存下来，对于充实新中国科技发展的历史文献，理清我国科技界学术传承脉络，探索我国科技发展规律和科技人才成长规律，弘扬我国科技工作者求真务实、无私奉献的精神，在全社会营造爱科学、学科学、用科学的良好氛围，是一件很有意义的事情。采集工程把重点放在年龄在80岁以上、学术成长经历丰富的两院院士，以及虽然不是两院院士、但在我国科技事业发展中作出突出贡献的老科技工作者，充分体现了党和国家对老科学家的关心和爱护。

自2010年启动实施以来，采集工程以对历史负责、对国家负责、对科技事业负责的精神，开展了一系列工作，获得大量反映老科学家学术成长历程的文字资料、实物资料和音视频资料，其中有一些资料具有很高的史料价值和学术价值，弥足珍贵。

以传记丛书的形式把采集工程的成果展现给社会公众，是采集工程的目标之一，也是社会各界的共同期待。在我看来，这些传记丛书大都是在充分挖掘档案和书信等各种文献资料、与口述访谈相互印证校核、严密考证的基础之上形成的，内中还有许多很有价值的照片、手稿影印件等珍贵图片，基本做到了图文并茂，语言生动，既体现了历史的鲜活，又立体化地刻画了人物，较好地实现了真实性、专业性、可读性的有机统一。通过这套传记丛书，学者能够获得更加丰富扎实的文献依据，公众能够更加系统深入地了解老一辈科学家的成就、贡献、经历和品格，青少年可以更真实地了解科学家、了解科技活动，进而充分激发对科学家职业的浓厚兴趣。

借此机会，向所有接受采集的老科学家及其亲属朋友，向参与采集工程的工作人员和单位，表示衷心感谢。真诚希望这套丛书能够得到学术界的认可和读者的喜爱，希望采集工程能够得到更广泛的关注和支持。我期待并相信，随着时间的流逝，采集工程的成果将以更加丰富多样的形式呈现给社会公众，采集工程的意义也将越来越彰显于天下。

是为序。

总序二

中国科学院院长　白春礼

　　由国家科教领导小组直接启动，中国科学技术协会和中国科学院等12个部门和单位共同组织实施的老科学家学术成长资料采集工程，是国务院交办的一项重要任务，也是中国科技界的一件大事。值此采集工程传记丛书出版之际，我向采集工程的顺利实施表示热烈祝贺，向参与采集工程的老科学家和工作人员表示衷心感谢！

　　按照国务院批准实施的《老科学家学术成长资料采集工程实施方案》，开展这一工作的主要目的就是要通过录音录像、实物采集等多种方式，把反映老科学家学术成长历史的重要资料保存下来，丰富新中国科技发展的历史资料，推动形成新中国的学术传统，激发科技工作者的创新热情和创造活力，在全社会营造爱科学、学科学、用科学的良好氛围。通过实施采集工程，系统搜集、整理反映这些老科学家学术成长历程的关键事件、重要节点、学术传承关系等的各类文献、实物和音视频资料，并结合不同时期的社会发展和国际相关学科领域的发展背景加以梳理和研究，不仅有利于深入了解新中国科学发展的进程特别是老科学家所在学科的发展脉络，而且有利于发现老科学家成长成才中的关键人物、关键事件、关键因素，探索和把握高层次人才培养规律和创新人才成长规律，更有利于理清我国科技界学术传承脉络，深入了解我国科学传统的形成过程，在全社会范围内宣传弘扬老科学家的科学思想、卓越贡献和高尚品质，推动社会主义科学文化和创新文化建设。从这个意义上说，采集工程不仅是一项文化工程，更是一项严肃认真的学术建设工作。

中国科学院是科技事业的国家队，也是凝聚和团结广大院士的大家庭。早在1955年，中国科学院选举产生了第一批学部委员，1993年国务院决定中国科学院学部委员改称中国科学院院士。半个多世纪以来，从学部委员到院士，经历了一个艰难的制度化进程，在我国科学事业发展史上书写了浓墨重彩的一笔。在目前已接受采集的老科学家中，有很大一部分即是上个世纪80、90年代当选的中国科学院学部委员、院士，其中既有学科领域的奠基人和开拓者，也有作出过重大科学成就的著名科学家，更有毕生在专门学科领域默默耕耘的一流学者。作为声誉卓著的学术带头人，他们以发展科技、服务国家、造福人民为己任，求真务实、开拓创新，为我国经济建设、社会发展、科技进步和国家安全作出了重要贡献；作为杰出的科学教育家，他们着力培养、大力提携青年人才，在弘扬科学精神、倡树科学理念方面书写了可歌可泣的光辉篇章。他们的学术成就和成长经历既是新中国科技发展的一个缩影，也是国家和社会的宝贵财富。通过采集工程为老科学家树碑立传，不仅对老科学家们的成就和贡献是一份肯定和安慰，也使我们多年的夙愿得偿！

鲁迅说过，"跨过那站着的前人"。过去的辉煌历史是老一辈科学家铸就的，新的历史篇章需要我们来谱写。衷心希望广大科技工作者能够通过"采集工程"的这套老科学家传记丛书和院士丛书等类似著作，深入具体地了解和学习老一辈科学家学术成长历程中的感人事迹和优秀品质；继承和弘扬老一辈科学家求真务实、勇于创新的科学精神，不畏艰险、勇攀高峰的探索精神，团结协作、淡泊名利的团队精神，报效祖国、服务社会的奉献精神，在推动科技发展和创新型国家建设的广阔道路上取得更辉煌的成绩。

总序三

中国工程院院长　周　济

由中国科协联合相关部门共同组织实施的老科学家学术成长资料采集工程，是一项经国务院批准开展的弘扬老一辈科技专家崇高精神、加强科学道德建设的重要工作，也是我国科技界的共同责任。中国工程院作为采集工程领导小组的成员单位，能够直接参与此项工作，深感责任重大、意义非凡。

在新的历史时期，科学技术作为第一生产力，已经日益成为经济社会发展的主要驱动力。科技工作者作为先进生产力的开拓者和先进文化的传播者，在推动科学技术进步和科技事业发展方面发挥着关键的决定的作用。

新中国成立以来，特别是改革开放 30 多年来，我们国家的工程科技取得了伟大的历史性成就，为祖国的现代化事业作出了巨大的历史性贡献。两弹一星、三峡工程、高速铁路、载人航天、杂交水稻、载人深潜、超级计算机……一项项重大工程为社会主义事业的蓬勃发展和祖国富强书写了浓墨重彩的篇章。

这些伟大的重大工程成就，凝聚和倾注了以钱学森、朱光亚、周光召、侯祥麟、袁隆平等为代表的一代又一代科技专家们的心血和智慧。他们克服重重困难，攻克无数技术难关，潜心开展科技研究，致力推动创新发展，为实现我国工程科技水平大幅提升和国家综合实力显著增强作出了杰出贡献。他们热爱祖国，忠于人民，自觉把个人事业融入到国家建设大局之中，为实现国家富强而不断奋斗；他们求真务实，勇于创新，用科技为中华民族的伟大复兴铸就了辉煌；他们治学严谨，鞠躬尽瘁，具有崇高的科学精神和科学道德，是我们后代学习的楷模。科学家们的一生是一本珍贵的教科书，他们坚定的理想信念和淡泊名利的崇高品格是中华民族自强不息精神的宝贵财富，永远值得后人铭记和敬仰。

通过实施采集工程，把反映老科学家学术成长经历的重要文字资料、实物资料和音像资料保存下来，把他们卓越的技术成就和可贵的精神品质记录下来，并编辑出版他们的学术传记，对于进一步宣传他们为我国科技发展和民族进步作出的不朽功勋，引导青年科技工作者学习继承他们的可贵精神和优秀品质，不断攀登世界科技高峰，推动在全社会弘扬科学精神，营造爱科学、讲科学、学科学、用科学的良好氛围，无疑有着十分重要的意义。

中国工程院是我国工程科技界的最高荣誉性、咨询性学术机构，集中了一大批成就卓著、德高望重的老科技专家。以各种形式把他们的学术成长经历留存下来，为后人提供启迪，为社会提供借鉴，为共和国的科技发展留下一份珍贵资料。这是我们的愿望和责任，也是科技界和全社会的共同期待。

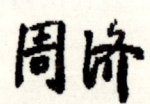

周济

2005年5月9日,朱尊权于郑州烟草研究院

2011年11月16日,朱尊权在办公室接受采集小组访谈

序

2010年秋天，我收到来自中国科协"老科学家学术成长资料采集工程"项目办公室的一份文件，希望能对我开展口述访谈并拍摄录像，将我的家庭背景、求学历程、师承关系、学术交往等相关资料进行系统整理，并纳入中国科协的采集工程馆藏基地，随之寄来的还有一份关于采集工程的实施方案。

在我认真阅读这些材料之后，初步认为这是与我关系甚微的事情：采集工程要总结著名科学家的成长规律，我一生从事的工作都是研究行业内亟待解决的问题，要说对科学有多少贡献，我认为几乎没有。

随即，采集工程项目办公室的罗兴波博士给我打来电话，希望我能接受采集，并在整个行业发展的大背景下谈谈我数十年来开展的研究工作，这一点我倒很愿意谈。尽管当年我和同事们开展的各项研究，在如今看来多已过时，既无科学意义，也无实际效益，但在当年的社会经济、物质条件下，这些工作对基本满足消费者需求和发展国家经济所作的贡献是不可磨灭的，而这些研究过程却通常不会受到人们的关注。

通过几次面对面的沟通和访谈，我对采集工程有了新的理解，这并不像新闻采访一样，简单几次访谈和录像就完事，而是真真切切地扎入了行业发展史和我本人一生的经历，特别注重历史原本细节的还原问题。采集小组找到并送给我50年前编印的书籍，让我非常惊讶而兴奋；他们通过各种渠道，包括前人书写的传记、《人民日报》、行业内的新闻媒体等，精心整理而出的年表，勾起了我对那些已不大记得的事情的回忆；访谈者对我从事的行业，甚至我同学家属的工作情况的了解，也让我对科技史研究者的工作态度有了新认识。

访谈越深入，谈得越开心。在最终的研究报告将要出版之际，采集小组约我写点东西，作为书的序言。那我就简要谈几点对自己一生工作的认识吧。

坚持。我守着一个专业，在一个单位待了一辈子。我年轻时就选择以烟草为业，大学毕业后刚开始从事烟草农业研究，后转向烟草工业，到美国留学时又回到烟草农业领域，回国后又从事烟草工业。期间在烟草农业和烟草工业之间往返周折数次，但我数十年如一日，从未改变过研究的目标，即使在"文化大革命"期间受到迫害时也是如此。

解决实际问题。烟草行业遇到哪些问题，我就立即研究解决办法，行业需要什么，我就去研究什么。在这一点上，我深受我的两位老师金善宝院士和魏禄（W. D. Valleau）教授的影响。在20世纪50年代，烟叶严重缺乏的时候，我就和同事们一起想办法解决卷烟工业的原料缺乏问题。80年代，人们关注吸烟与健康的关系时，我们又将关注点放到减害降焦上。目前，提高卷烟的质量是整个行业内的大事，我必须为此目标而继续努力。

精诚协作。烟草行业数十年来所取得的成就，是我的同行们共同努力的结果。我当选为中国工程院院士，是我国工程界对烟草行业数十年来科研工作的认可，所有的荣誉都属于大家。在科研过程中，为了一个共同的目标，大家毫无保留地一起开展工作，是其得以顺利完成的根本保证。这是我数十年研究生涯的深刻体会。

但是，每个科学家的经历都有着特殊性。透过300位各具个性的老科学家的学术成长资料，是否能够得到共性的结论，整理并归纳出科学家的成长规律？我认为有则甚好，没有亦无妨。通过一个个鲜活的案例，让人们了解老科学家们对科学进步和行业发展所作出的不懈努力，便已具有很大的教育意义。

目前，大家对烟草行业仍有较大争议。这个行业虽然每年给我国贡献了数千亿利税，但政府也并不认为它是好的经济。而且吸烟有害健康，是西方卫生系统的研究人员和科学家们通过现代科学研究方法论证出来的客观结论，我们必须接受它。然而，对目前我国的实际情况而言，要降低吸烟对人们健康的危害，并不是从行政上禁烟那么简单，只能采取循序渐进的办法，"减害降焦"才是唯一的出路。2004年，我在中国烟草博物馆写下了以下文字：烟草飘香数百载，有功有过；减害增益为人民，化过为功——宿愿尚待不懈创新，足以代表我的看法。是非对错，留待历史判决吧。

最后，我衷心期望采集工程脚踏实地，一步一个脚印，取得好的成果！

2011年10月

目 录

老科学家学术成长资料采集工程简介

总序一 ·· 韩启德

总序二 ·· 白春礼

总序三 ·· 周 济

序 ·· 朱尊权

导 言 ·· 1

| 第一章 | 家 世 ·· 5

    襄阳望族 ··· 5
    父亲朱绶光 ··· 6

| 第二章 | 求学 | 9 |

小学时代	9
铭贤学校	11
汇文中学	12
南下	14
国立中央大学	15
农艺系和金善宝教授	19
烟草专业	20
调查	25

| 第三章 | 彷徨 | 29 |

烟叶示范场	29
转型：烟草农业到烟草工业	31
探寻	33

| 第四章 | 留学 | 36 |

初到美国	37
肯塔基州立大学和魏禄教授	39
烟草拍卖制度和分级体系	43
实验室工作	45
回国？回国！	47

| 第五章 | 立业 | 52 |

华北农业科学研究所	52
学派之争	53
第二次转型	56
华东工业部卷烟工业组	56

姚雪英 58
以烟草为业 60
中华牌卷烟 62
烤烟香型理论 65
机构调整 66
十六级烤烟分级标准 68
烟叶缺乏 71
烟叶替代品 77
向组织靠拢 81
轻工业部烟草工业研究室 81
卷烟防潮纸研究 82
烟草技术干部培训班 84
人工合成尼古丁 86
烤烟分级：冲突 87
刊物：《烟草科学通讯》 88
迁址郑州 89
乔庄 92
发展新烟区 93

| 第六章 | 十年"折腾" | 95

折磨 96
工作停滞 98
烟草薄片 100
恢复工作 101

| 第七章 | 第二个春天 | 103

左天觉 103
吸烟或者健康 105

降焦减害 ·· 110
　　"821"低焦油混合型卷烟 ··· 113
　　减害降焦 ·· 116
　　药物型卷烟 ·· 118
　　请进来 ··· 121
　　CORESTA ·· 122
　　走出去 ··· 123
　　中国烟草学会 ··· 124
　　招收研究生 ·· 127
　　第一次中美合作 ··· 129
　　第二次中美合作 ··· 132
　　中国烟草博物馆 ··· 133

| 第八章 | 迈入新世纪 ·· 136

　　当选中国工程院院士 ·· 136
　　羊栖菜多糖 ·· 138
　　上部烟 ··· 142
　　天香余韵 ··· 146

结　语 ··· 149

附录一　朱尊权年表 ··· 152

附录二　朱尊权主要论著目录 ·· 171

参考文献 ··· 175

后　记 ··· 178

图片目录

图 1-1	朱绶光（1886—1948）	7
图 2-1	国立中央大学农艺系毕业生合影	27
图 2-2	朱尊权的大学毕业证书	28
图 4-1	出国前夕的朱尊权	36
图 4-2	赵希莲与部分家人合影	49
图 5-1	朱尊权与姚雪英	58
图 5-2	朱尊权夫妇与女儿朱勇进	59
图 5-3	上海烟草集团公司赠送给朱尊权的金"中华"	64
图 5-4	朱尊权发表在《中华烟草》月刊第三卷第二期上的论文	68
图 5-5	朱尊权等人进行的烟叶替代品试验分级结果	80
图 5-6	朱尊权等人进行的烟叶替代品试验数据	80
图 5-7	1957 年，《卷烟工艺学》由轻工业出版社出版	85
图 6-1	被造反派标识为"瞧这一群牛鬼蛇神！"的照片	96
图 6-2	《烟草科技通讯》初期成员	100
图 7-1	朱尊权和左天觉在神农架顶峰合影	104
图 7-2	访美代表团与美国同行在菲莫公司门前合影	108
图 7-3	20 世纪 80 年代，朱尊权访美时与朱尊慧、朱尊华等人合影	109
图 7-4	中国烟草总公司科技委员会成立大会	120
图 7-5	朱尊权在 CORESTA 大会上做大会报告	122
图 7-6	CORESTA 颁发给朱尊权的证书	123
图 7-7	朱尊权在台湾烟田	124
图 7-8	朱尊权参加中国烟草学会第二次会员代表大会时与部分代表合影	125
图 7-9	中国烟草学会组织召开药物型卷烟研讨会	126

图 7-10	朱尊权、王承翰和孙瑞申	128
图 7-11	朱尊权与刘立全讨论期刊用稿	128
图 7-12	郑州烟草研究所 85 届硕士学位证书颁发大会合影	129
图 7-13	中美烟草专家在第一次合作中	130
图 7-14	第二次中美合作专家在河南烟田	133
图 8-1	中国农业大学聘朱尊权为客座教授的聘书	137
图 8-2	国家烟草专卖局庆祝朱尊权当选工程院院士会议合影	137
图 8-3	经过处理后的羊栖菜	139
图 8-4	羊栖菜多糖技术合作签字仪式	141
图 8-5	朱尊权在提升上部烟质量项目攻关中采集的来自全国各地的烟叶样品	143
图 8-6	朱尊权在烟草化学重点实验室	146
图 8-7	朱尊权院士在办公室	147

导　言

　　朱尊权，出生于 1919 年，祖籍湖北襄阳，其父朱绶光为国民党陆军上将。朱尊权年幼时即受其父实业救国理想之影响，决心以农学为业，并在抗战时期国内烟草行业衰落之时，利用国民政府设置的烟草奖学金，选择烟草为研究方向。1941 年，朱尊权毕业于国立中央大学农学院农艺系烟草专业，1947 年赴美，在肯塔基州立大学跟随著名烟草专家魏禄教授学习，1948 年硕士毕业，是我国首位在美国获得烟草硕士学位的留学生，后留魏禄教授实验室工作。1949 年，其母赵希莲及部分家人被国民政府送至台湾定居，次年，朱尊权未如母所愿到达台湾，而是乘货轮回到祖国大陆，到华东工业部卷烟工业组工作。朱尊权一生从事烟草研究工作，是著名的中华牌卷烟的主要研制者，是我国最早的烤烟分级标准制定者、烤烟香型理论提出者、低焦油混合型卷烟研制者和药物型卷烟的倡导者，是新中国烟草事业发展的见证人。

　　朱尊权是我国烟草行业首位工程院院士，深受行业内人士尊重。他一生从事的研究涉及烟草农业和烟草工业两个领域，其中有两次大的研究方向转型。在大学时代，朱尊权以烟草农业研究为主，在金善宝教授的指导下学习烟草病虫害防治、烟苗遗传育种等，大学毕业之后分配到四川郫县烟叶示范场工作，进行烟草农业方面的研究课题，后因烟苗被毁而离开烟叶示范场，转而从事烟草工业方面的工作，主要研究卷烟生产过程中的烟叶配方，这是他研究工作中的第一次大转型。1947年朱尊权赴美留学，在肯塔基州立大学跟随著名烟草专家魏禄学习烟草遗传育种，重新回到烟草农业领域。获得硕士学位之后在魏禄教授实验室工作，从事烟苗抗野火病的选种工作。1950年回国后，为避免卷入遗传学领域的学派之争，再次离开烟草农业，到上海中华烟草公司从事烟草工业方面的研究，是为第二次大的研究转型。之后，朱尊权利用卷烟工业方面的要求来指导烟草农业的工作，成为烟草农业和烟草工业方面的"通才"。

在采集工作初始，我们全方位查找朱尊权公开发表的研究论文，与他相关的新闻报道、纪录片、传记，获得的专利等，得到了一系列公开资源，从而对朱尊权有了一定程度的了解。案头准备阶段，我们根据采集工程的要求拟定了访谈提纲，将访谈的重点放在他的家庭背景、求学历程、工作经历、学术传承脉络和学术交往网络上，对一些学术研究过程中的细节给予重要关注。在赴郑州烟草研究院与朱尊权进行访谈的过程中，我们还采集到大量无法通过公开渠道获取的资源，包括朱尊权的毕业证书、科研档案、老照片、证书聘书，等等；从郑州烟草研究院图书馆获得了朱尊权在20世纪50年代的内部交流刊物上发表的关于烤烟分级方面的文章；从中国烟草科技网数据库获得了大量与朱尊权有关的学术信息；我们还通过各种渠道购买到他在20世纪50年代的著作原件。针对一些特定的专题，我们进行了外围访谈，与朱尊权的同事、学生和共同参与具体研究的合作者们深入沟通。通过为期一年的采集工作，我们获得了大量第一手的音视频和文献资料。针对一些主题，我们还进行了深入访谈，比如其家庭背景、在国立中央大学和肯塔基州立大学求学经历、魏禄教授实验室工作、导师对朱尊权学术研究上的影响、中华牌卷烟研制过程、烟叶人工发酵及替代烟叶研究、香烟减害降焦研究、烤烟分级标准制定工作、中国烟草学会成立过程、《烟草科技》期刊发展历程、提升上部烟品质的研究、与左天觉等人在学术研究上的交往，等等。累计访谈时长超过30小时，其中包括高清视频访谈775分钟，音频访谈1400分钟左右，自20世纪30年代至今的扫描照片 500 余张，此外还有数量不菲的珍贵证书、手稿等，这些采集而来的资料将连同朱尊权的所有论著一起，全部纳入中国科协老科学家学术成长资料采集工程馆藏基地。

张红老师撰写的《朱尊权》一书是我们在与朱尊权接触之前了解他的最好资料。为撰写该书，张红老师曾于 2002—2003 年与朱尊权、左天觉博士等人一起到全国各地烟田考察长达三个月之久，才得以成书。如今朱尊权院士年事已高，尽管他仍希望能常到生产的第一线去看看，但考虑到身体状况和安全因素，他已不再去烟田考察，因此我们对他的访谈主要在他的办公室进行。

在我们赴郑州对朱尊权进行访谈时，发现他在郑州烟草研究院的同事们对他充满着敬意：在任何时候碰到他，都会热情地打招呼，站在那里请他先行，或一起走走，和他聊聊行业内的新鲜事。在我们和烟草研究院的研究人员进行口述访谈或平常闲聊时，他们除了对朱尊权院士在学术研究上表示敬意之外，表现更多的是对他人格的尊重。

朱尊权院士究竟是怎样的一位老科学家？这是我们一直想回答的问题。在对朱尊权的访谈过程中，他不止一次地提到，如果要问他的研究对科学有什么贡献的话，那么几乎没有，但是自己毕生都在致力于解决行业内不同时期所面临的不同问题。这给我们提供了思路：我们不求将朱尊权树立为一位成绩卓绝的大科学家，而是希望通过本传记真实地描绘出一位将毕生精力投入到自己所热爱的行业的科技工作者。

因此，我们对本传记有以下几点考虑：

内容准确，以学术传记作为总基调，但文字需通俗简练。

将朱尊权一生的研究与烟草行业发展的大背景联系起来，同时对他在我国烟草科技研究谱系中所处的位置进行定位。

对朱尊权的观念和思想变化进行深入描写，这些描写主要来源于对他进行的口述访谈。

在撰写本传记之前，我们先按照时间顺序，完成了一份朱尊权年表，其来源以对朱尊权的访谈为主，辅以他的传记、烟草行业内的新闻媒体、中国烟草总公司郑州烟草研究院发展史等，力争完整、翔实地反映朱尊权一生的生活、学习和工作历程。经朱尊权审校之后，在年表的基础上写成本传记。在传记的撰写过程中，我们力图以通俗易懂的文字，将朱尊权的家庭背景、求学经历和各项研究作为一个个点，按编年体以时间为序串在一起，同时针对特定的研究主题，参照纪事本末体撰写。整个报告分为：家世、求学、彷徨、留学、立业、十年"折腾"、第二个春天、迈入新世纪八章。

第一章
家　世

汉江，这条始于陕西汉中的长江最长支流，湍急地奔淌过汉中盆地之后，一头扎进中下游广袤的江汉平原。刚在崇山峻岭中曲折迂回的狭窄江面，顿时变得宽阔起来，江水流速也渐趋平缓。在这里，汉江与长江及其干流形成纵横交错的水系，造就了广袤而富庶的江汉平原。

襄阳是一座依傍汉江而形成的历史古城，《读史方舆纪要》中这样描述襄阳的地理位置："襄阳上流门户，北通汝洛，西带秦蜀，南遮湖广，东瞰吴越。"因其位置特殊，三国时期便是兵家相争之地，至唐以后，商业往来和文化融合兴盛，更是形成"往来行舟，夹岸停泊，千帆所聚，万商云集"的盛景。

襄阳望族

清朝初年，一户朱姓家族由江西迁来襄阳，开始在此劳作生息。至清末，这户朱姓家族已是襄阳城内的一个望族，这便是本书主人公朱尊权的家族。朱尊权的祖父朱佩琳，字蕴珊，自小受到良好的教育，翰林出身，成年之后娶文渊阁大学士单懋谦之女为妻，后赴福建为官。1886年，其子也就是朱尊权的父亲朱绶光生于福建，后由母亲单氏带回湖北，在襄阳抚养长大。朱绶光从小聪颖好学，少年时期以经史之学为主业，因家境殷实，又潜心向学，学业优异。

时维晚清，西方的坚船利炮敲开了保守的中国大门，与此同时西方的科学技术也大量传入中国。这一切，对中国的知识分子和官员们的思想产生着巨大冲击。以图自强的洋务运动便在此背景下轰轰烈烈地开展起来。

1861年3月，中国首个外交机构总理各国事务衙门设立。自此之后，洋务派代表曾国藩、左宗棠、沈葆桢、李鸿章、张之洞、刘坤一、唐廷枢等人，在全国各地展开了引进和学习西方先进科学技术的热潮，设置机器制造局，从西方购入军事装备，并开始建设国内的邮政、通信、银行、铁路等系统。

大力倡导"中学为体，西学为用"的张之洞，是晚清洋务派的主要代表人物，在他年轻时，便曾拜于单懋谦门下，并自此步入仕途。1889年，尤其注重教育的张之洞出任湖广总督，开始大兴新式教育，改制书院，成立实业学堂，并于光绪十九年（公元1893年）创办自强学堂，为国家培养专门人才，以"先选两湖人士，肄业其中，讲求时务，融贯中西，研精器数，以期教育成材，上备国家任使。"

数年之后，张之洞的兴学中心转为普通教育和师范教育。光绪二十九年（1903年），自强学堂改为文普通中学堂，同时成立的还有湖北武普通中学堂，专为培养连长排长之类的下级军官。成立之初，文普通中学堂和武普通中学堂招生时并不严格区分，往往是身体好的便被选入武普通中学堂。

父亲朱绶光

16岁那年，朱绶光因学业优异被调入湖北文普通中学堂。次年，张之洞创议成立武高等学堂，但湖北条件有限，只能成立将弁学堂作为替代。

朱绶光很快又被选入将弁学堂，三年期满，成绩优秀，被送往日本留学，进入东京振武学校学习，之后进入日本陆军士官学校，为第六期炮兵科学生。在日本，朱绶光接触到改良思想，视野大为开阔，同时与其他留日学生交流甚广，并参加了同盟会，开始进行民主革命活动。阎锡山、程潜、黄郛、李烈钧、李书诚、黄膺白等人都是他在日本留学时的同学。同期在日本的一批志同道合的留学生，为推动反清革命在东京成立了"铁血丈夫团"，朱绶光也是其中的一员。

图1-1　朱绶光（1886—1948）

1910年，陆军士官学校结业之后，朱绶光回国，在南京开办讲武学堂，为革命培养力量。武昌起义前夕，他频繁往返于苏州与上海之间，密切联系孙中山的助手陈其美，策划部署起义。武昌起义之后，朱绶光出任江苏都督府军械处长，随即调任军政司长，主要工作是整理编制陆军。与此同时，他所钟爱的军事教育工作仍未停止，继续督办陆军将校讲习所。

1914年，朱绶光被北京陆军大学聘为兵学教官，不久之后辞去教职，再次东渡日本，入日本陆军大学继续钻研军事。

日本陆军大学的主要目的是培养参谋军官，后来也培养高阶军官，比如将和大佐级别的军官，此外还进行军事研究。此大学的入学资格十分严格，主要是陆军士官学校毕业的不满30岁且必须在军中服役超过两年的中级军官。其学部分为步兵、骑兵、炮兵和工兵，学制不一，步兵、骑兵三年，炮兵、工兵两年。

20世纪初期，一大批中国军人留学日本。尽管他们中许多人曾在日本陆军士官学校学习且成绩优异，但因中国人身份，且未在日军中服役两年，所以在该校只能是旁听生或者访问者的身份。朱绶光亦是如此，他在炮兵部学习。

两次留日经历使朱绶光的军事学识不断增长，革命者身份也日趋形成，进步和开放的思想在他身上日益表现出来。他在日本结识的众多同学和革命党人，在20世纪上半叶的中国政治和军事舞台上发挥了重要作用。这一张巨大的关系网，注定了朱绶光也将在中国近代史上绘上浓墨重彩的一笔。

年轻的朱绶光娶同为襄阳人氏的赵希莲为妻，很快生下大女儿朱尊宪。1919年朱尊权出生时，他在兄弟姐妹中排行第六，为第三子。赵希莲共为朱绶光诞下九名子女，按年龄顺序依次为：朱尊宪（女）、朱尊民、朱尊谊、朱尊德（女）、朱尊群（女）、朱尊权、朱尊慧（女）、朱尊志、朱尊华（女）。

深受改良思想影响的朱绶光，果断地放弃了以"佩绶登朝"为序的朱姓辈分顺序，改以"尊"字辈为儿女命名，其进步思想从儿女的姓名中便可见端倪。

在日本陆军大学学成归国之后，朱绶光已成为民国初期极少数受过系统军事教育的高级人才之一，受到当时国内军界的重视。军事领域的高起点是他的事业得以发展的基础，而殷实的家底则为子女的教育提供了必要条件。1924年，他举家自南京迁入北平，担任北洋政府陆军部军械司长。

1926年，已掌管山西军政大权的昔日留学日本的好友兼同学阎锡山一直颇为欣赏朱绶光的才识，便发出邀请，希望他赴晋任职，助其治理山西。朱绶光接受了邀请。

一旦投身戎马生涯，便注定了不停漂泊的生活方式。在朱尊权读小学、中学期间，便随着父亲工作的变动而转学多次。

第二章 求 学

六岁时，朱尊权开始在北平上小学，因父亲频繁往返于山西和北平，他就读的学校多次变动。在朱尊权的记忆中，有北平育英学校、太原国民小学、山西铭贤学校、北平汇文中学等。1937年，他进入已西迁至重庆的国立中央大学农学院，选择以烟草作为自己一生从事的专业。

小学时代

朱尊权大概六七岁的时候开始在北平上小学，如今他已不大记得小学时的具体情形。当父亲迁往山西任职的时候，他也随之去了太原，入太原国民小学就读。阎锡山没有选错人，朱绶光的才能在山西发挥得淋漓尽致，赴晋之初便开始建设山西陆军辎重教练所，进展非常顺利，很快便为晋军输送专门人才。与此同时，朱绶光在日本陆军大学的所学知识深受阎锡山赏识。1928年，阎锡山将北方国民革命军改编为第三集团军，亲任总司令，并任命朱绶光为集团军参谋长。同年，北伐讨奉的第三集团军进入北京，朱绶光首先进城出面安民保侨，为北平城内的平稳过渡立下功劳。

北伐胜利之后，他被任命为北平政治分会委员，兼任北平卫戍总司令部参谋长。此时身为第三集团军总司令的阎锡山常住太原，命朱绶光留在北平，代行总司令职权，坐镇平津。这样，朱尊权又随父亲回到了北平。

在北平东城的东单牌楼南边，有一条叫东观音寺的胡同，与北边的栖凤楼胡同隔街相望。朱绶光在北平的住宅便位于东观音寺胡同内，为一门墙高耸的大四合院。这所大宅原本为清朝一大户人家所有，朱绶光将其买下，作为一大家人的固定住所，尽管他还时常在山西和北平之间往返，但家人已经稳定地常住于此。如今，这所大宅连同东观音寺胡同已在旧城改造中消失。

20世纪30年代初，年幼的朱尊权和父母、兄弟姐妹生活在这里，同时住在一起的还有大厨、女佣和帮忙看管小孩的远房亲戚。父亲尽管是个作风严厉的军人，但在家人面前，却总是表现出侠胆柔情的一面，以至于在多年之后，朱尊权回忆父亲时，仍难以将他与军人身份联系起来。赵希莲是位贤惠慈爱的母亲，专门为朱尊权和弟弟朱尊志请了一位老先生作为启蒙老师，到家里来教授《三字经》、《论语》、《左传》等，但她并未严格要求两个年幼的儿子，而是让他们且学且玩，以增加他们对国学的了解为主。若干年后，当提及这段蒙学教育的时候，朱尊权回忆说那只是为了好玩，在平常的学校学习之外，母亲希望让他和弟弟增加点课外知识而已，但他们通常是在学完不久便将这些知识忘掉了。

1930年，阎锡山联合冯玉祥、李宗仁等发动中原大战讨伐蒋介石。在战争打响之前，朱绶光已由蒋介石调任南京政府任职。为避免卷入蒋阎之战，他只身连夜乘坐火车，由南京回到了北平。该年年底，阎锡山在中原大战战败后下野，离开山西蛰居于东北，两年之后回山西复出，再次邀请朱绶光赴晋协助自己。考虑再三后，朱绶光接受邀请再赴山西，出任太原绥靖公署参谋长。一大家子人并未全部随迁，而是继续在北平生活，但朱尊权和三姐朱尊群、四妹朱尊慧一起随父亲到了山西。

此时的朱尊权已经在北平育英中学读了一年半初中，到山西之后，父亲并没有就近在太原找学校，而是将三个孩子送到离太原60公里的太谷县上学。

铭 贤 学 校

太谷县处于晋中盆地，位于太原南面，是大名鼎鼎的晋商发祥地之一。晋中流传着"金太谷，银祁县，吃不完米面的榆次县"的说法，清末民初的太谷县商贾云集，殷实富庶。

1880 年，孔祥熙生于太谷县一亦商亦儒的富有家庭，但少年时期家境已走向衰落。孔祥熙幼年因患病求治于传教士在太谷县创办的基督教诊所，并很快痊愈，因此对传教士颇有好感。之后他进入基督教公理会所办的小学就读，毕业后又被送至公理会在北平创建的潞河书院就读。1900 年，义和团运动波及北平，潞河书院停课，孔祥熙回到太谷县，和传教士一起被困在福音堂内，后被救出，但美国传教士和数位中国教民被杀死，孔祥熙出面料理后事并向华北公理会汇报了有关情况。随后孔祥熙被华北公理会推荐，由潞河书院资助到美国欧柏林学院学习。学成回国前夕，欧柏林大学的中国学社有人提出资助在孔祥熙的家乡山西太谷县建设教堂，以纪念当年因传教而遭到杀害的传教士们。孔祥熙认为建设纪念堂不如开办学校，得到一致认可，并很快募集到一笔可观的建学资金。

1907 年，孔祥熙回国，在拒绝了若干从业邀请之后回到家乡太谷县，用那笔建学资金，接办了太谷南街基督教公理会明道院附设小学，很快又在小学的基础上扩展为中学，成为太谷县第一所中学，取名"铭贤学校"（Oberlin Sansi Memorial School），有纪念"庚子教难"中死去的传教士之意。孔祥熙担任校长并亲自授课，其他教师多由传教士担任，每年欧柏林大学也会派遣教师来学校授课。

抗战时期铭贤学校南迁，1940 年成立铭贤农工专科学校。1943 年夏天改为铭贤学院。1951 年，铭贤学校结束了 40 余年的办学历史，改为山西农学院。

朱绶光对铭贤学校优越的教学条件和高素质的教师队伍早有耳闻，他将三个孩子带到山西之后，便全部转入铭贤学校。此时孔祥熙虽然已经离开太谷县，开始在政界崭露头角，但铭贤学校仍维持得相当成功。欧柏林大学派来的英语教师会为铭贤学校的学生们纠正发音，对这一点，朱尊权至今难忘，认为自己良好的英语发音基础与那时所受的英语教育是分不开的。

孔祥熙自小深受西方教育影响，因此铭贤学校的教育理念也相当西化。他在学校开设了自然科学和西方现代社会科学科目，比如音乐、美术、国文、英文、历史、体育，此外还要求学生选读数理化、自然、生物、工艺、伦理、法制、心理、经济、医学、哲学、会计、商业管理等科目。作为校长，他还要求学生不能光啃书本，还要多向社会实践学习。学校根据教学课程建立了各种实验室、实验工厂和农场，组织科研项目，培养学生们的动手能力。此外，孔祥熙非常重视体育教育，不仅自编体操让学生练习以强健体魄，还在学校里设立了很多体育器材。

这种教学理念深受朱尊权的喜爱，他在铭贤学校如鱼得水，各科发展得相当均衡。最为重要的是，他认为学校的教育没有给他带来任何压力，而是一直以非常放松的心情享受学习的过程。

对朱尊权来说，在铭贤学校的一年半时间过得太快。初中毕业后，他又回到北平，到汇文中学上高中。

汇文中学

汇文中学是一所教会学校，校址在崇文门内船板胡同，离朱尊权在东观音寺胡同的家不远，因此他不用住校，每天骑自行车往返于家和学校之间。整个高中三年的学习生涯，他都在这里度过。小学和初中多次转学，阴差阳错地使朱尊权与小他一岁的四妹朱尊慧成为了同一级的学生。

汇文中学是美国教会较早在北平从事教育的机构之一，可追溯到1871年由基督教会在崇文门内设立教堂时附设的一所蒙学馆。在不断发展过程中，汇文学校的名称多次变迁，教育覆盖范围越来越广，鼎鼎有名的燕京大学便是由汇文大学部与华北协和大学合并而来。

尽管汇文中学属教会学校，但校内仍是传统而保守的氛围。学校几乎没有女学生，在朱尊权到此上学的时候，时任校长的高凤山让女儿到班上就读，成为全班唯一的女生。她与朱尊权同桌一学期，在这整整一学期内，腼腆的朱尊权从未和她说过一句话。

尽管汇文中学并不提倡学生参与政治，但时局的动荡仍不时让正处于青春期的学生们热血沸腾。1935年12月9日，为了反对日本帝国主义和华北自治，北平数千名大中学生在中国共产党的领导下开展了示威游行，掀起了全国抗日救国的高潮。朱尊权并没有参加这次活动，但他心中却暗暗支持游行的学生们。

此时，他的父亲朱绶光仍长期在山西任职，身居高位，兢兢业业地发展着自己的事业，为整个大家庭提供了稳定而充足的经济来源。朱尊权的大哥朱尊民和二哥朱尊谊在高中时期便已同赴德国求学，分别学习造纸和建筑。在朱尊权读高中期间，朱绶光由南京国民政府正式授予陆军中将军衔。他深知自己常年不在孩子们身边，手伸得太长也没有用。因此孩子们的教育问题，除了在他回到北平与孩子们团聚时询问几句，以及在重要的学习阶段为年轻的孩子们提些建议把把关之外，平时都放手交给夫人赵希莲，由她在北平全权负责。这位贤惠的传统女性致力于为孩子们提供良好的教育环境和资源，很少直接干预他们的学习、成长和天性。她关心孩子们的品行修养远过于关注孩子们的学习成绩。正是在这种家庭环境下，朱尊权和兄弟姐妹们得以自由地学习和成长。

也许因为同样是教会学校，汇文中学与山西铭贤学校的教育理念和方式有着诸多相似之处。朱尊权喜欢实用性的教育方法，尤其反对死记硬背，他也从来不用考试成绩的高低作为判断自己学习好坏的标准。一旦认为已经学懂，就将时间用于感兴趣的领域，所以虽然成绩在年级排名不算拔尖，只属靠前，但是他已满足。他认为课余的时间与其放在多做练习以提高考试成绩上，不如用来拓展知识面，多学习一些课外知识。

朱尊权的高中生涯看起来似乎很平静，但在动荡的社会大背景下，仍可觉察暗潮涌动。他刚刚拿到高中毕业证，全国形势就急转直下。1937年

7月7日的七七事变震惊了全国，社会各界纷纷抗议日军恶行。身在山西的朱绶光凭借着军人的敏感以及对日本军界的了解，判断出北平局势已相当危急，于是立即向家里发送加急电报一封，要求全家撤离北京，迁往苏州，投靠长子朱尊民。

南　下

一大家子人，女性和孩子居多，南迁不是一件容易的事情，况且北平有这么大一个家业，岂能轻易放弃？母亲赵希莲在危急的情况下静下心来，冷静考虑再三，向丈夫提出了一个折中的办法：让几个小的孩子南下投靠朱尊民，自己和稍大的孩子留在北平，静观其变，如情势危急再做打算。

在此安排下，朱尊权与四妹朱尊慧、四弟朱尊志、五妹朱尊华，在三姐朱尊群的带领下，一起乘坐火车随着逃难的人群奔赴苏州投靠大哥，母亲赵希莲则与大姐朱尊宪、二姐朱尊德暂留北平。一家人因此分散在太原、北平和苏州三地。

父亲朱绶光已于几个月前再度官升一级，根据国民党《陆军中将加衔暂行条例》，特加上将衔。战争打响，作为军人的他当然无法置身事外。不久之后，他便由太原绥靖公署参谋长转任第二战区司令长官部参谋长，亲临晋北指挥作战。

家里的长子朱尊民，生于1911年，30年代初赴德留学，学习造纸技术，1936年学成归来，与其他两位同学利用所学的技术在国内开办造纸厂，其中一位就是钱子宁。

朱尊权一行五人，自火车站直奔钱子宁在苏州的家，这是事先大哥朱尊民已定下的计划。钱子宁在苏州有一处宅院，但他本人并未在此居住，只留下一个管家负责看管房子，得知朱尊民的弟弟妹妹要来苏州投靠，钱子宁便让管家安排好，让他们住到自己家中。

此时的苏州已经很不太平，日军的飞机开始密集轰炸。朱尊权一行到苏州的当晚，日军再次空袭，震耳欲聋的爆炸声和防空警报声在苏州城内回响，吓坏了这群从未见过如此阵势的孩子。他们决定第二天一大早便离开苏州，前往浒墅关找大哥朱尊民。

浒墅关位于苏州城的西北方向，离城区大约十几公里。朱尊权一行沿着京杭运河一路向北行走，途中正好碰到开船往苏州城内行驶的朱尊民。大哥得知苏州城遭到日军空袭非常担心，天一亮便亲自开着船去接弟弟妹妹。长子如父，弟弟妹妹们见到大哥算是有了一个依靠，在造纸厂安顿了下来。

浒墅关造纸厂比苏州城内安静得多，工厂每天仍在正常生产蚕种纸。朱尊权和兄弟姐妹们待在一起，生活虽然平静了下来，心里却不免有些焦虑：自己和四妹朱尊慧高中已经毕业，理应继续学习深造，造纸厂毕竟不是久留之地，下一步的路应该怎么走？在这里要待到什么时候呢？

大哥朱尊民深深了解弟弟和妹妹的心思，在父亲不在身边的时候，他自然而然地承担起照顾弟弟妹妹们的责任，设身处地、全心全意地为他们着想。朱尊民认为，尽管日本人打进来了，但国内的大学不可能关门，现在的国家更需要人才，国民政府的首都南京离苏州不算太远，著名的金陵大学、国立中央大学等都在南京，必定要招收学生，因此他提议朱尊权和朱尊慧去南京看看情况。在他的安排下，造纸厂的一位南京籍的职员陪同朱尊权和朱尊慧到了南京，并将一切安顿好之后才返回浒墅关造纸厂。

国立中央大学

在南京，朱尊权和朱尊慧正好赶上国立中央大学、国立北平大学、国立清华大学、国立武汉大学、国立浙江大学这五所中国顶尖大学的统一招生考试。他俩在南京顺利参加了考试，朱尊权报考了国立中央大学，四妹朱尊慧报考了国立浙江大学。考试完毕后，兄妹二人又返回苏州浒墅关志忐地等待着发榜信息。

对朱尊权来说,考试并不难,心中比较有把握,但发榜的时间的确是太长了。在等待发榜的这段时期,日军的进攻力度增加。1937年8月13日,淞沪会战打响,上海局势危急。朱尊民觉得浒墅关也不够安全了,如何保护弟弟妹妹们呢?

此时,钱子宁在杭州已经选好了地址,开始建立中元造纸厂。朱尊民认为杭州是个较好的选择——比苏州相对安全,也不至于让弟弟妹妹们离得太远而不好照顾。于是,朱尊权一行乘坐造纸厂的货船,又沿着运河到了杭州。

中元造纸厂杭州办事处位于美丽的之江之畔,朱尊权在此安顿下来。等待发榜的日子是难熬的,他每天关注报纸,看是否有联大发榜的消息。和在浒墅关时一样,他此时心情仍然无法平静。在此期间他得知附近的之江大学此时也开始了招生考试,反正闲着也是闲着,便动员四妹朱尊慧一起,去参加之江大学的招考。

之江大学和燕京大学、齐鲁大学、金陵大学等一样,是新中国成立前国内的十几所教会大学之一。尽管学校的规模不算太大,但全部引入西方教育体系,在体制、机构设置、教学计划和课程等方面也遵照西方模式,在当时国内的教育界颇有影响。学校成立于宁波,后迁到杭州。

之江大学的入学考试内容对朱尊权来说并不难,兄妹二人参考的心态也非常轻松,考试过后很快就发榜了,朱尊权的考试成绩非常好,朱尊慧也榜上有名。但此时联大仍未发榜,兄妹二人只得继续耐心等待。

对于联大来说,此时的日子并不好过。全国招生考试的试卷被运到中央大学进行统一批阅。日军已经开始空袭南京,在8月中旬的一次空袭中中央大学被多个炸弹击中,图书馆附近的房屋玻璃全部震碎,大礼堂的后墙和化学实验室被炸毁,女生宿舍楼也因为轰炸而倒塌。在此负责阅卷工作的中央大学校长罗家伦[①]、浙江大学校长竺可桢等人担心阅卷教授的安

[①] 罗家伦,1897年生于江西进贤,祖籍浙江绍兴,早年毕业于北京大学,1919年的五四运动中学生领袖之一。毕业之后留学美国,后来到欧洲诸多名校游学,以历史和哲学为主业,并扩展到文学、教育、民族、地理等学科,是公认的学贯中西的学者。

全，不得不让他们尽快转移。这直接影响到了阅卷速度，当然也将发榜日期往后延迟了不少。

这次轰炸让国民政府和中央大学领导彻底放弃了在南京照常上课的念头，不定期的轰炸完全无法维持正常的教学秩序。罗家伦校长开始考虑学校迁址的计划，但是，迁到哪里，如何迁，都还是问题。他先后派出三路人马寻找合适的迁校地址：派法学院院长马洗繁和经济系主任吴干向重庆出发，寻找迁址重庆的可能性；派心理系教授王书林向湖南、湖北一带出发；派医学院教授蔡翘、郑集去成都华西大学（今华西医科大学）接洽中央大学医学院的迁徙事宜。在得知迁校重庆的计划取得国民党四川省政府和重庆大学的支持后，罗家伦迅速召开了教授会，正式提出国立中央大学迁址重庆的计划。

在教授会上，罗家伦校长提出了迁址重庆的三个理由。第一，抗战应该是个长期过程，大学需要稳定的发展环境，不适宜一搬再搬，所以应该尽量往西选择；第二，学校体量巨大，师生迁址是个很大的工程，如能从南京走水路，用船运迁址会相对容易；第三，重庆地势高低起伏，军事上容易防守，防空也相对容易。

鉴于危急的局势，罗家伦校长的提议理由充分，教授会立即通过了迁校提议。曾经担任过蒋介石秘书的罗家伦马上前往蒋介石官邸，将迁校重庆的理由向蒋介石陈述，得到同意之后立即报呈国民政府教育部审批。医学院教授此时也反馈回来了华西大学大力支持国立中央大学医学院迁入成都的计划，国立中央大学西迁工作正式启动。在得到蒋介石、教育部、教授会和重庆方面的支持后，西迁工作进行得非常顺利，自1937年9月底开始，仅用42天，中央大学便在重庆沙坪坝建立起了简易的校舍。

国立中央大学西迁的这段时期，也是朱尊权和朱尊慧心情最复杂的时期：之江大学已经录取，而联校招考迟迟不发榜。同时，上海、苏州、杭州、南京一带的战局不断吃紧，位于杭州的中元造纸厂也开始西迁，在四川宜宾选好了厂址并开始建设。

留在北平的母亲和家人，在朱尊权南下之后不久便因战局吃紧而不得不处理了家产，一大家人到天津寄居了一小段时间后也到达了苏州。

在朱尊民关闭了浒墅关纸厂之后，一家人和他一起开始西行。他们乘火车到达了武汉，在一位亲戚家住下。武汉正好有一家新的造纸厂处于筹建之中，朱尊民便利用所学知识为该造纸厂设计了规划图纸，这就是汉阳造纸厂的前身。但他在此停留不久便去了宜宾，在那里，钱子宁等人正等着他。母亲和几位孩子暂时回到老家襄阳城居住，在日军步步紧逼接近武汉的时候，她们又不得不离开襄阳，沿长江上行到达成都，在都江堰一带暂居，后来在朱尊民于宜宾安顿下来之后，一大家人又迁到了宜宾。

朱尊权终于在报纸上看到了自己的名字，他如愿以偿被国立中央大学农艺系录取，而四妹朱尊慧则考上了武汉大学园艺系。发榜通知告知被录取的学生中央大学迁址重庆的消息，要求各位学生自行前往重庆沙坪坝的新校址报到。因此时武汉情势吃紧，朱尊慧并未到武汉大学报到，而是随后和家人一起西迁，就读于四川大学园艺系。

为便于学校搬迁，国立中央大学在汉口设有临时中转站，在统一安排下，朱尊权和其他学生一起登上了沿长江上行的"民权"号轮船。新的校园预示着新的开始。一个星期之后，朱尊权乘坐的轮船到达重庆，此时已是1937年10月底，他在这个新的校园开始了为期四年的大学生活。

国立中央大学的新校址选在重庆沙坪坝松林坡，位于重庆大学东北边的一个小土丘上，占地200亩，土丘下面便是奔腾的嘉陵江，山上生长着稀稀拉拉的松树，异常安静，是个读书的好地方。国立中央大学确定新校址位置之时，已是秋天正常入学的时候，为了不影响当年的教学工作，学校雇佣大量劳力，分18个施工队日夜轮流作业，赶在全国各地的学生集中到沙坪坝之前将教室和宿舍建设完毕。

当朱尊权刚刚迈进校园的时候，他几乎无法想象这就是当时国内顶尖的大学：教室和宿舍用泥土垒砌而成，中间夹有竹竿，以坚固墙体。一二百人集体睡在一间大宿舍里，也是他以前从未见过的壮观景象。

尽管如此，中央大学的领导和老师们仍努力为学生提供最好的教育。在大学硬件设施落后的条件下，各门课程正常开展。尽管硬件条件远不如南京旧址，但师生精诚团结，学校的教学活动风风火火地开展了起来。图书馆、实验室、专用教室、学生俱乐部、体育运动场等教育附属设施也逐步建立起来。艰苦的环境并未让中央大学的学生们失望，日趋紧迫的时局反而更加激发了他们的学习热情。

1928年，清华学校改名国立清华大学，罗家伦出任第一任校长。1932年，罗家伦被行政院任命为中央大学校长。

尽管战局吃紧，时局动荡，但国民政府仍然保证了中央大学的经费开支，因此中央大学著名教授云集，教学秩序井然，学生们能安心学习。朱尊权还记得在中央大学的时候，罗宗洛给他们讲过植物生理学，袁翰青讲授有机化学，张钰哲讲授物理学，这些教授后来都成为中国现代科学史上鼎鼎有名的人物。他们给学生们教授的不仅仅是科学和文化知识，还有宽厚的为人之道、儒雅的为师风范。

农艺系和金善宝教授

朱尊权在报考中央大学的时候，填报了农艺系。这位家境殷实、绝不会为稻粱谋的官宦子弟，从未干过农活的青年才俊，居然选择农学作为自己的专业，这不禁让人充满疑惑。

朱尊权报考大学之时，父亲朱绶光已官至陆军上将，在华北战场发挥着重要作用，昔日同窗也各自在军界和政界有着不菲的成就。如果朱尊权选择个合适的专业，大学毕业后凭借着父亲的声望，在军界或者政界谋个不错的职位并不是件难事，为何他偏偏选择偏冷门的农学呢？

这与朱绶光对子女的教育不无关系。尽管朱绶光官位显赫、权倾一方，却早已看透，身在官场之人，个人的沉浮根本无法自我掌控，都是身不由己的事情。政治上的腐败让以民族和国家振兴为己任的他处处为难，屡生退隐之心。这种思想，他早已灌输到子女身上：以实业救国才是正道。

正因为如此，朱绶光在子女职业的选择上颇费心思，尽管充分尊重孩子们的自主选择，但他每次都会在孩子们面对抉择的时候，合乎时宜地提出自己的建议，并充分说出自己的理由。国内的造纸工业体系落后，造纸技术以后必大有作为，因此对于大儿子朱尊民，他建议学习造纸；二儿子朱尊谊，他力主学习建筑；中国是传统的农业大国，但农业生产的效率极为低下，连国人最基本的温饱问题都还解决不了，因此对于三儿子朱尊权，他建议学习农学。在民国时期军界位高权重的朱绶光，九个子女全部学习工学农，日后均从事实业，竟然无一从军或者从政。

对于父亲的建议，朱尊权完全认同，因为这也是他本人多年以来的愿望。他在山西就读的铭贤学校，在他上学之时已增设农科，是铭贤学校大学预科学习内容之一，1934年更是扩建工农两科，农学在初中时期的朱尊权心目中便已占据了一定的地位。此外，远离农业生产的朱尊权通过种种渠道对中国农业状况和农民生产情况有所了解，"中国的农民太苦了"，这是中学时代朱尊权的想法，"必须要发展农业才能让农民们远离这些苦难"。

既然已经选定农学为自己的学习专业，且顺利地被国内顶尖学府的农艺系录取，那接下来便应该努力学习，增加自己的农学知识储备了。刚进入中央大学的头两年，朱尊权便是这样要求自己的。

1938年，在罗家伦校长的要求下，中央大学开始实行导师制。农艺系的金善宝[1]教授成为朱尊权的导师。

烟草专业

在重庆，金善宝教授的主要精力用于小麦选种研究上，在他带领学生如火如荼地开展小麦研究的时候，国民政府对中央大学和金陵大学这两所

---

[1] 金善宝教授（1895-1997），中国现代小麦科学主要奠基人。1917年考入南京高等师范学校农学专修科，1930年赴美留学，1932年回国，在浙江大学农学院任教。1933年8月开始执教中央大学农学院，曾兼农艺系主任。1937年跟随中央大学西迁重庆，1946年返回南京。1955年当选中国科学院学部委员，1965-1982年担任中国农业科学院院长。

大学的农学系提出了新要求。

1938年,日军步步紧逼,占领中国的地域越来越大,中国的几个主要产烟区,山东、安徽、河南都已相继沦陷,被日军控制,生产卷烟的烤烟烟叶立刻紧张起来。四川虽然也是烟叶大省,但烟叶品种主要以晒烟为主,不适合用于生产卷烟。同样因为战争的原因,卷烟输入又相当困难,因此市场上卷烟的价格大涨,但民众对卷烟的需求量却并未因此而降低。一方面,卷烟在当时已经成为国民政府财政的重要收入来源之一,税收很高;另一方面,普通民众甚至包括抗日战线上的军人对卷烟也有着迫切的需要。在国民政府看来,抗日战争是个长期的过程,不可能在短期之内结束,必须做好打持久战的准备。因此解决卷烟短缺问题的关键办法是在抗日战线的后方推广烟叶种植,开展烟草方面的研究。为恢复烟草生产,培植税源,国民政府决定在云南、贵州、四川一带发展烤烟生产,并让四川地方农事研究机构开始烤烟引种试验。

培养烟草行业需要一个长期过程。1939年7月1日,国民政府颁布《取缔禁止进口物品商销办法》,根据此办法规定,为稳定市场和杜绝投机,政府对进口卷烟、雪茄烟及烟叶均禁止进口和销售,此举使得市场货源骤减,直接促进了四川烟业的迅猛发展,烤烟也开始被引入四川试种。但是仅培养市场还不够,烟草专业技术人才的培养也是重要任务。基于各种考虑,国民政府决定设立烟草奖学金,在中央大学和金陵大学每年各资助六名农学学生选择烟草为专业,为日后发展烟草打下基础。1939年,这项工作开始落实,此时的金陵大学和中央大学一样,已经西迁,新址位于成都华西坝。

当烟草奖学金的事在农艺系传开的时候,朱尊权开始认真考虑这个问题:选中央大学农艺系强项的小麦或其他作物遗传育种为业,还是选择新设立的冷门专业烟草为业呢?烟草,朱尊权以前从未有过实质性的接触,更谈不上了解。他对烟草的认识仅仅限于父亲抽的卷烟,以及自家附近胡同里老人吸食的旱烟,这会是一个有发展前景的专业吗?在做出正式决定之前,他开始广泛猎取烟草的相关知识,以便为自己的选择提供充分的理由。

根据文献记载，在 16—17 世纪，烟草先后由南、北两条途经传入中国。一般认为由南路传入早于北路，但南路传入说也存在着不同的版本，大体是 16 世纪 70 年代由吕宋传入福建省，或由南洋传至广东省。北路则是 17 世纪初由朝鲜传至东北。烟草传入我国之后，最初是用于防疫病和寒疾，之后才被国人吸食。著名的耶稣会士利玛窦 1582 年来到中国，带来的不仅有西方的科学技术知识，也带来大量西方物品，其中包括鼻烟。烟草传入后很快就为广大群众所喜爱，同时也不乏反对吸烟之人。明朝末代皇帝崇祯就曾明令戒烟，清代康熙皇帝也禁止在宫廷内吸烟，逐渐使烟草成为高税商品，成为国家财政收入主要来源之一。

至 19 世纪后期，美国人在上海试销"品海"牌十支装卷烟，开始改变中国人吸食水烟、旱烟和鼻烟的习惯。中国机制卷烟的消费则始于 1890 年，是美商老晋隆有限公司首先在中国推销的。翌年，又运进卷烟机，美国纸烟公司开始在上海建卷烟厂。1902 年，著名的英美烟草公司进入中国，合并了上述企业之后，陆续在一些沿海城市建卷烟厂。1917 年，日本烟草商进入中国，在天津开设东亚烟草株式会社，在华北和东北建设烟厂。

国内早期的卷烟均为外国烟草商所生产。外国烟企进入中国之后，原料基本上从国外带来，这样大大增加了卷烟生产的成本，于是他们开始在国内试种烟叶。1913 年英美烟草公司在河南许昌、安徽凤阳、山东等地试种美种烤烟获得成功，之后根据需要又在辽宁、吉林、云南、贵州、四川等省开展了烤烟种植，从此为外国烟企提供了一定数量的国产烟叶。但因为烟叶质量等实际问题，大量的烟叶仍从国外进口。

卷烟消费很快在国内盛行起来，同时也成为政府财政税收的新财源。1915 年，北洋政府颁布《全国烟酒公卖暂行简章》和《烟酒公卖栈组织法》，设立了全国烟酒公卖局，在各省又设立省烟酒公卖局。这是我国首次实行烟草专卖，实际上相当于"商专卖制"，也就是说国家及各地层层设立烟酒公卖机构，由国家公卖机构酌定公卖价格，通告各地执行，公卖收入归属中央财政。1923 年，浙江开征按值抽 20% 的卷烟特税，江苏、湖北、山东、河南等省很快相继征收，烟草税收逐渐成为政府的一大收入来源。1931 年 1 月，海关出台新的税务规则，规定进口卷烟从价征税 50%。

此时国产卷烟的税率已达40%，实行三级税制。

数十年来卷烟在国内的迅速发展，以及给政府带来的快速增长的税金，让国民政府对烟草行业刮目相看。1935年4月，在山东临淄西关成立了山东省烟叶改良场，这是国人自建的第一个烟叶改良场。1937年，抗日战争全面爆发，山东局势受到影响，因此山东省烟叶改良场停办，技术人员也部分西迁到四川。

1939年9月，在国民政府设立烟草奖学金之后，财政部又在川西郫县成立了四川烟叶示范场，吸纳了一部分自山东烟叶改良场西迁的技术人员，重点从事烟草试验改良及推广工作，足见国民政府对烟草事业的重视。

因为抗日战争的缘故，众多学校纷纷西迁。山西铭贤学校也于1939年4月迁到四川省金堂县，铭贤学校的农科也开始涉及与烟草相关的研究工作。在郫县的四川烟叶示范场，技术股下分设五个研究分部：种子作业系、换种轮作系、病虫害系、熏烤系及留种烟圃。因研究力量有限，烟叶示范场又分别与四川大学农学院、金陵大学农学院、中央大学农学院、铭贤学校订立规约，协作研究烟草生产技术及培养人才。在四川烟叶示范场，研究人员们开始进行烤烟品种比较试验、雪茄烟品种比较试验、纯种培育、抗病育种、烟草害虫种类调查、地老虎防治试验等。

烟草行业对国计民生的重要性不言而喻，而烟草专业人员又奇缺。朱尊权心中初步作出了决定，但又有点犹豫，烟草专业毕竟是第一届招生，属试验性质，能学到多少知识还很难说，而其他农学专业如小麦，中央大学已经有了很强的师资队伍和研究实力，实验研究也正在紧锣密鼓地开展。

朱尊权找到平时要好的几个同学王承翰、张逸宾、徐洪畴和洪承钺一起商量这件事情，想听听他们的看法。这几位同学都来自安徽，性格与朱尊权比较合得来，没料到他们此时也面临着和朱尊权同样的问题。

"既然政府支持，而且社会的需求又很大，我们就选择烟草专业吧。毕竟以后的路还得靠自己走，能在这条路上走多远，主动权把握在我们自己的手中。"朱尊权如今已不记得是谁说了这句话，当时得到了大家的一致响应，于是，他们五个共同选择了烟草专业，这是中央大学历史上第一期烟草专业的五位学生。

在同一年，金陵大学农学院的一位学生，来自湖北云梦县的左天觉，选择了一条和朱尊权同样的道路，在成都金陵大学新校区，他同样利用国民政府的烟草奖学金成为金陵大学烟草专业的学生。数年之后，他们二人成为第一批在国外获得烟草专业学位的中国人。

尽管国民政府出资资助中央大学和金陵大学培养烟草专业的学生，但实际情况是烟草专业的师资极为缺乏，在大学里没有全职研究烟草的教授。作为朱尊权的导师，金善宝教授的专业是小麦育种，而且此时他正带领着研究人员和学生们开展"中大2419"小麦选种试验，尚未开始烟草研究。直到1941年，金善宝教授才开始和余有泰等人开展黄烟、雪茄烟、土烟的品种观察试验、移植期试验等。

选择一个新的领域作为专业是有一定挑战性的，金善宝教授非常喜欢这几位选择烟草作为专业的学生。他在开展小麦研究之余，常和朱尊权等同学谈论，他觉得自己对烟草不熟，无法直接解决学生们在烟草方面的专业问题，但他同样认为，烟草和小麦的研究有着类似之处，那就是必须注重研究和实际相结合，要搞好研究就必须了解烟草和小麦的生产情况，在它们实际生长过程中发现并解决问题。作为指导老师，金善宝在引导朱尊权等同学的研究方法上付出了更多精力。

金善宝教授告诉朱尊权和烟草专业的其他几个同学，如果要熟悉烟草，最好的办法就是实际种植，发现烟草生长中的问题。他要求学生们自己种些烟叶，首先熟悉烟草的生长过程。同时，作为育种专家，他也可以指导他们开展一些烟叶育种的研究工作。于是，在沙坪坝校区小丘下、奔腾的嘉陵江畔，一小块地被开垦出来，朱尊权和同学们在这里种上烟叶，像烟农一样开始给烟苗除草、抓虫，每天仔细观察烟苗的生长情况。

地老虎是当时国内烟田常见的一种害虫，主要啃食烟草的幼苗。一旦烟田出现了地老虎，很快会将烟苗的根部咬断，烟苗也就死了。朱尊权和同学们在中央大学试验烟田初期的重要任务就是防止地老虎啃食烟草幼苗。

烟叶生长是个较为漫长的过程，朱尊权在整个过程中都耐心地等待着，每天记录烟草生长情况。尽管记录工作枯燥，但偶尔碰到的未曾在参考资料上出现的新情况和新问题，还是让他兴奋不已。与此同时，朱尊权和同学们开始尝试着吸烟。从烟盒里抽出一根卷烟，含在双唇之间，眯起双眼，头轻微歪向一侧，"扑哧"擦着一根火柴，火苗凑近卷烟，猛吸一口，稍微停顿一下，然后一股烟从口腔和鼻子中冲出。这个仅几秒钟的动作，在烟民手中一气呵成，但在初学吸烟的朱尊权身上，显得生疏而僵硬。朱尊权并没有从吸烟的过程中得到美好的感受，他不由好奇为什么那么多人会喜欢吸烟。作为日后要以烟草研究为业的人，他必须熟悉这个过程，毕竟烟草最终是要被制成卷烟满足人们的需求。如果不了解烟草的性状，研究也就无从谈起。

1941年春天，茁壮成长的烟叶已经接近收获时节。尽管生长过程中碰到很多问题，但朱尊权和同学们付出的长久而辛勤的劳动此时也即将得到回报。一天，重庆上空突然响起空袭警报声，这本不罕见，因为日军战斗机时常骚扰并空袭重庆，但这次空袭对朱尊权和同学们来说却不同寻常。当空袭警报解除后，朱尊权和同学们震惊地发现，一枚炸弹正好投在他们辛苦劳作过的烟田里并爆炸，烟田被炸出一个大坑，面目全非，半年多来辛劳的成果顿时荡然无存。防住了地老虎，却没有办法防住"天老虎（日军轰炸机）"，朱尊权和同学们有些气馁。

调　　查

时间已经临近大学毕业，有些专业的学生已经开始做毕业设计。本打算基于烟草种植试验的毕业论文却因日军的轰炸而成为不可能完成的任务，朱尊权和烟草专业的同学们有些急躁，找到了导师金善宝教授寻求帮助。

既然烟田已经毁了，试验当然是没法继续做了。金善宝教授给他们出主意，建议他们五个同学分别到四川的各大烟区去调查烟叶生产情况，增长一些实际经验，并各自完成一份调查报告作为毕业论文。

这是个好主意。朱尊权早就希望到烟田去了解实际生产情况。他在烟草的学习过程中阅读了大量资料，大脑中早就积累了许多问题，这些问题需要在烟田里找到答案。

烟草是茄科一年生草本植物，品种有60多种，但常见的可用于卷烟生产的并不是很多。最开始传入我国的是晒晾烟，1900年，台湾开始试种烤烟，自1910年后相继在山东、河南、安徽、辽宁等地试种烤烟成功。烤烟和晾晒烟在加工成烟制品的方法上不一样，晾晒烟一般是把田间生长已成熟的烟叶采摘扎把挂在屋檐下晾晒干燥后即成烟叶，而烤烟则需要将烟叶放在烤房内加温烘烤，形成色泽金黄、光泽鲜明、味香醇和的烟叶。

四川是抗日战争时期后方一个重要的烟叶生产区，但和安徽、山东、河南不同，四川主要生产晾晒烟，而不是烤烟。四川晾晒烟的主要产区有郫县、新都、什邡、温江、崇宁、金堂、资阳、绵竹等。朱尊权和王承翰、张逸宾、徐洪畴、洪承钺一起将四川的烟区划分为五片，每人调查一个烟区。方案确定之后，便一起乘上自重庆去成都的汽车，到成都之后分开，各自背着行李，步行到要调查的烟区。

朱尊权负责北边的新都、金堂、什邡、绵竹四个县，其中新都、金堂、什邡是雪茄烟区，这对仅在小块试验田种过烤烟的他来说，基本上是个全新的领域。整个调查过程持续十多天，朱尊权背着被褥、蚊帐和简单的生活用品边走边看。白天奔走于不同的烟田之间，不时向烟农请教问题；晚上则在灯下整理当天的调查资料，把自己的心得和收获记录下来。

在金堂曾家寨，朱尊权碰到因抗战由山西太谷县迁到此地的铭贤学校师生，朱尊权当年的老师仍在任教，在老师的组织下，他还见到了一批学弟学妹。和他们短暂交流之后，朱尊权继续前行，开展调查工作。

这次调查，朱尊权至少有两大收获：烟叶的索晒法和烟叶发酵。

对于晾晒烟，国内主要有两种晾晒方法，一种是将烟叶直接铺放在折子竹片上，称之为折子晒烟；另一种是索晒烟，将烟叶系在绳子上，绳子架在两个木条之间，将烟叶挂着晾晒。朱尊权调查的几个县属于索晒烟区，他发现当地烟农创造性地在绳子上挂上若干圆环，可以方便地调节烟叶的间距，这样就可以根据实际情况来调整烟叶水分的蒸发量，控制晾晒质量。当天气条件不好，比如下雨的时候，也可方便迅速地将烟叶收入棚内。

当地对烟叶的一种常见处理办法是糊米水加工法，可以看作是一种烟叶发酵的办法。为了使烟叶色泽和味道更好，烟农将大米炒糊，然后用水煮，当水成为褐色的时候，把糊米渣过滤掉，将烟叶堆放好之后，把过滤之后的水浇在烟叶上，然后严密地覆盖起来。隔一段时间将手伸进去试试烟叶的温度，如果过高就敞开翻堆，然后重新覆盖。几个周期之后，烟叶变得红亮，富有光泽，用手捏捏还有些弹性，吸食的味道也有了一定程度的改良。

为了形成不同的风味，烟农在堆放发酵的过程中，往往又加入了其他的物质，比如红曲米、白酒等。这种快速改变烟草吸食味道的做法，在日后烟叶极度稀缺的年代，为朱尊权提出烟叶人工发酵的方法提供了试验基础。

图 2-1　国立中央大学农艺系毕业生合影（1941 年夏摄于重庆，后排右一站立、着白色西装戴眼镜者为朱尊权）

完成烟区调研之后，同学们回到中央大学，互相交流调研心得。四年的大学生涯很快结束，他们马上就要走上工作岗位。1941年夏天，朱尊权从中央大学农艺系烟草专业毕业，和其他四位同学一起离开学校，共同踏进了四川郫县烟叶示范场。他们人生的日历，在那里翻开了新的一页。

图 2-2　朱尊权的大学毕业证书（照片已遗失）

第三章 彷徨

离开大学校园，朱尊权期待利用自己所学的知识在烟草的舞台上大展身手。然而，残酷的现实又一次让他对烟草农业研究的信心发生了动摇，他开始尝试走烟草工业的道路，这是他在专业上第一次大转向。

同时，初涉烟草的朱尊权对烟草行业充满着疑问，这些年，他始终带着这些疑问，一步一步探寻，希望能够在工作、调研和学习中得到解答。在这个艰难的过程中，朱尊权静下心来反思，自己的烟草道路究竟走对了没有？

烟叶示范场

作为第一批国民政府资助的烟草专业大学生，朱尊权和同学们或多或少对自己的专业有些自豪感。烟草行业的兴起需要人才，他们便是为振兴烟草行业而专门培养的稀缺人才，在大学的时候，他们就恨不得立即投身工作，马上发展烟草事业。

大学毕业之后，朱尊权和同学们一起，高兴地奔赴郓县烟叶示范场，准备大展身手。但是在那里的工作，却让他们有些失望。

1939年9月成立的四川省烟叶示范场，位于成都市西北部的郫县。成立之初的研究力量以来自山东烟叶改良场的技术人员为主。成立烟叶示范场的目的主要是烟草试验改良及推广。1940年起，示范场划定郫县、新都、什邡、温江、崇宁、金堂、资阳、绵竹8个县为烟叶推广区，先后在资阳、绵竹、温江县各设示范圃一所；同时和四川大学农学院、已经西迁至四川金堂的铭贤学校合作，分别在新都、金堂、土县成立合作示范烟圃一所，作为技术示范和推广中心。

郫县往西北方向约五公里有一个两路口镇，烟叶示范场在这里设立了示范基地，有种植烟草的烟田。参加工作后不久，朱尊权便和王承翰、张逸宾、徐洪畴和洪承钺一起被分配到两路口烟叶示范基地工作。

和在中央大学开展的烟叶种植一样，两路口烟叶示范基地也主要以种植烟苗，开展晾晒烟品种的改良、烤烟品种的选育、杂交抗病育种、烟草病虫害的防治、烟草轮作试验、烟叶烘烤和分级研究等为主。朱尊权和同学们设计了一系列烟草农业方面的研究课题，然后种下了烟苗，准备待其生长到一定阶段时开展试验。烟叶生长周期较长，需要时间，朱尊权和同学们以及示范基地的其他技术人员们一起开始在烟田劳动。

当时的四川作为抗日后方重要的农业生产大省，承担农业改进方面的研究机构并非只有烟叶示范场一家。1935年，四川省建设厅开始进行农事科研机构布局，先后设立九个农事机关，并于1938年9月1日将以上农事机关进行整合，成立了四川省农业改进所，统筹办理全省农林改进事业。四川省农业改进所选址在成都市东的静居寺，即以前的四川省稻麦改进所旧址，在其基础上扩建而成。刚成立之时，四川省农业改进所有员工300余人，到朱尊权大学毕业之时，已达1300多人。在此进行麦作研究的人员有朱尊权在大学时期已相识的师兄兼好友鲍文奎[①]。

在两路口的烟叶示范基地，烟苗生长缓慢，所以烟田的工作也并不总

[①] 鲍文奎，1916年出生于浙江省宁波市，1935年考入国立中央大学，跟随金善宝教授进行小麦育种研究，1939年大学毕业后，到四川省农业改进所工作，在食粮作物组麦作股从事小麦育种和栽培研究。1942年，从事小麦和粟（小米）的细胞遗传研究。

是那么忙碌。在中央大学期间，因同为金善宝教授的学生，而且兴趣相投，朱尊权和鲍文奎已成无所不谈的朋友。所以，在烟田的工作之余，朱尊权经常到成都静居寺与鲍文奎交流，同时也协助鲍文奎从事一些小麦育种方面的研究工作。

这样的工作持续了将近一年。朱尊权和其他四位同学又一次遭受到沉重打击：两路口烟叶示范场的烟苗被毁！原因是附近的一位居民晚上喝酒后不小心将火把丢入了烟田，引起大火，当村民们赶来把火扑灭后，烟苗已经全部烧光。这对朱尊权他们来说，意味着这一年的研究付之一炬。要继续研究，必须再等来年继续种植烟苗才行。而明年的研究能否顺利完成还是未知的事情。这一群急待为国家的烟草事业做出实质性贡献的年轻人，再也没有耐心在此待下去，他们一同离开了这里。

转型：烟草农业到烟草工业

离开郫县烟叶示范场之后他们各自分开，为了同样的目标，却走上了不同的工作岗位。除了朱尊权，其他四人又回到重庆：王承翰、徐洪畴进入重庆华福烟厂，洪承钺到川康区烟草专卖局工作，张逸宾到重庆北碚夏坝国立复旦大学农学院茶叶研究室任教，但很快弃教从工，于1943年也加入华福烟厂。

1941年4月，国民党中央委员会在重庆召开八中全会，决议六种日用消费品的专卖制度，其中包括烟。次年5月，财政部设立烟类专卖局。5月13日，国民政府明令公布《财政部烟类专卖局战时烟类专卖暂行条例》。条例规定，烟类专卖的范围为纸卷烟、雪茄烟、烤烟及其他用机制或仿机制的烟类和卷烟用纸。条例除了确定政府专卖权外，对产制运销仅采取了管制的政策，仍采用民产、商制、商运、商销的方式。条例颁布之后，财政部为广辟税源，放宽了对手工卷烟制造业的限制。因为此时市场上对卷烟的需求量远大于生产量，所以许多商家看好卷烟本小利大、申请便利的优势，大量开办烟厂，四川的卷烟业进入快速发展时期。

1942年10月，华福卷烟厂股份有限公司成立华福烟厂，是当时重庆为数不多的机制卷烟厂之一。因烟厂成立之初专业人才非常稀缺，王承翰和徐洪畴进入烟厂之后很快发挥特长，特别是王承翰，在很短的时间内就被任命为主管技术的副厂长兼总技师。

在离开郫县烟叶示范场之后，朱尊权和其他四位同学一样，实际上已经离开了烟草农业，转身投入到了烟草工业这个领域。这是朱尊权在进入烟草行业后第一次重大转变，其中重要的原因是因为他渴望以更直接的方式了解烟草行业的生产和销售状况。烟农生产出来的烟叶最终要到消费者手中，市场上的烟草产品品种繁多，为什么风格各异、价格不一？消费者是以什么标准来衡量烟草质量的好坏？这是一直困扰朱尊权的问题，他希望自己能够找到答案。

和其他四位同学不同，朱尊权并没有生存的压力，所以也没有立即去找一份稳定的工作，而是自己开始琢磨这些问题。他去了宜宾，在那里，大哥朱尊民和钱子宁等同学合办的中元造纸厂已经有了相当大的规模，纸厂主要生产钞票纸等特种纸品，资金实力非常雄厚。他把自己的疑惑告诉了大哥和钱子宁，他们的反应非常强烈。因为中元造纸厂的效益非常好，如何利用造纸厂的闲置资金扩大生产领域是此时钱子宁正在思考的问题。而国民政府对烟草的扶持让他看到了这个行业光明的未来。钱子宁对朱尊权发出邀请，希望他能够到中元来工作。此时的中元正有打算在烟草行业有所发展，朱尊权的知识背景可发挥作用。同时，朱尊权也可以利用这个工作机会认真探索和思考那几个压在他大脑中的问题。

真要解决这几个看似简单的问题却不是件容易的事情，朱尊权打算从自己生产卷烟开始入手。中元造纸厂腾出了几间仓库给朱尊权，也给了一些启动资金。几位大学同学也在力所能及的范围内，利用工作之余来帮助他。王承翰帮助朱尊权在重庆购买了小型卷烟机等设备，并帮忙购买各种烟叶，洪承钺则利用空闲时间来帮助他进行卷烟工艺和烟叶配方方面的工作。

没过多久，第一批卷烟就生产出来了，产量不大，但足以让朱尊权感到喜悦，为了了解卷烟的品质，他请很多人试吸并认真听取他们的评价。

在这个过程中，他开始接触卷烟烟叶配方，并充分了解其重要性。

当产量稍微增加之后，钱子宁也利用中元造纸厂的销售渠道帮助朱尊权制作的卷烟在市场上销售，但毕竟是小范围的试制卷烟，市场覆盖面非常有限。钱子宁所说的中元造纸厂打算在烟草行业有所发展，是指他们打算利用造纸厂的优势生产卷烟纸。在国民政府公布的《财政部烟类专卖局战时烟类专卖暂行条例》中，卷烟纸也属政府专卖产品。

探　　寻

除了自己生产卷烟之外，朱尊权此时以推销"中元"卷烟纸的名义，开始频繁走访国内各大烟厂，这些烟厂非常热情地向朱尊权敞开了大门。在这些烟厂里，许多老板亲自陪同这位年轻的烟草专家参观生产车间、考察烟叶配方，这是朱尊权此时最为关注的技术问题。不少烟厂向朱尊权伸出了橄榄枝，毕竟当时国内烟草专业科班出身的技术人员实在是太少了，烟厂在市场上竞争非常激烈，稍有不慎，产品不被市场认可便有可能迅速倒闭，烟厂希望有专业知识、有技术的人才加盟。朱尊权婉拒了这些邀请，他觉得自己在烟草方面的专业知识还不够，仍需利用各种机会补充。

1945年，抗日战争胜利。河南、安徽、山东等大烟区又重新回到国民政府手中，上海、武汉、天津等卷烟工业发展重镇又重新焕发了活力。朱尊权在更大范围内开始了调研工作，不仅包括烟厂，也包括了重要的烟叶生产区。他一路经过西安、许昌、武汉等地，沿途考察烟叶的生产、加工和卷烟的生产，最后到达上海。一路考察尽管非常辛苦，但收获颇丰，对于困扰自己多年的问题，朱尊权在心里差不多有了答案：卷烟生产和粮食生产的基本思路不一样。对于粮食生产来说，最主要的问题是产量的提高，解决人们的温饱问题；而卷烟则不同，和产量相比，口感、品质是至关重要的因素。要提高卷烟的品质，一是需要烟农生产出好的烟叶，二是在卷烟生产中注重各种风格烟叶的配比，利用配比来协调卷烟的总体风味。

此时的朱尊权经历了自制卷烟的生产和各大烟厂的调查之后，对于各种类型、各种产地的烟叶风格已经有了一定程度的了解，对于如何根据不同风格的烟叶调制出合适口感的卷烟配方已经比较熟悉。但是，烟农生产出来的烟叶质量非常重要，再高超的技术也无法利用劣质烟叶生产出好的卷烟。

在河南许昌，朱尊权重点考察了烟叶生产和加工。许昌是当时国内最好的烤烟产区之一，自从1913年英美烟草公司为节约运输成本在河南许昌和安徽凤阳试种美种烤烟获得成功之后，这里一直为各大烟厂提供高质量的烟叶。1933年1月14日，中国许昌烟叶股份有限公司在许昌成立。英美烟草公司直接收购经营许昌烟叶，主要烟草市场包括许昌、临颍、襄城、禹州等。

在20世纪40年代的襄城，烤烟烟叶的生产已有相当大的规模，烟叶质量也在国内属顶尖水平，每逢烟叶收获季节，全国的烟厂都会专门派人来到这里收购烟叶。当朱尊权来到襄城的时候，眼前的景象不禁让他有些失望。在他的印象中，高质量烟叶的主产区应该是种植条件良好、生产有序的成片烟田，但他在这里看到的和在其他地区看到的烟田似乎没有什么区别，泥泞的田间小路，小规模的加工方式，很难让他想象这便是国内优质烤烟烟叶的产区。襄城尚且如此，其他烤烟产区应该也不会先进到哪里去吧，落后的生产方式是否就是国内顶尖品质的烟叶比不上美国产烟叶的原因呢？

抗战结束之后，日本在国内开办的卷烟企业被国民政府全面接管，国民政府开始全面支持恢复烟草生产。1946年，经行政院院长宋子文提议，农林部在南京市孝陵卫成立了烟产改进处，促进国内烟草产业的发展。中央农业实验所所长沈宗瀚[①]负责筹备工作并兼任烟产改进处处长。

在接到筹建烟产改进处的任务之后，他想到了自己在金陵大学任教时

---

① 沈宗瀚，生于1895年，浙江余姚人，1923年留学美国，先后在乔治亚大学农学院、康奈尔大学研究院学习，1927年获博士学位。回国后到金陵大学农学院任教，之后成为农学院教授并担任系主任职务。1934年担任中央农业实验所总技师，之后担任所长，主要研究小麦、水稻、高粱等作物的育种工作。

期的学生左天觉。左天觉和朱尊权同一年大学毕业，之后继续在金陵大学拿到了硕士学位，此时正在社会福利局的一所实验救济院工作的他立即接受了老师的邀请，回到烟草领域，为提高国内的烟草生产水平出力。沈宗瀚也想到了朱尊权并向他提出邀请，但朱尊权此时因准备出国留学而未接受邀请。

与此同时，英美烟草公司趁国民政府抗战时期元气大伤、经济恢复刚刚起步之机，在中国大肆低价倾销自己的产品，甚至免费发放给烟民，以培养自己长期的消费者群体，这些手段让刚开始起步的民族卷烟企业受到极大冲击。凭借这些促销手段和卷烟产品的质量优势，到 40 年代末期，英美烟草公司已经占领了国内 70% 以上的卷烟销售市场。

与英美烟快速发展的势头相比，国内民营资本的烟企处境堪忧。当时，最大的烟企都集中在上海开办烟厂。朱尊权一路考察，最终到达上海。在这里他当然渴望看一看国内先进的大烟厂的生产，英美烟草公司拒绝了他的要求，南洋兄弟烟草公司的烟厂大门则对他敞开了。英美烟草公司在市场上的紧逼以及国民政府近年来不断提高的烟草税额，让南洋兄弟烟草公司已尽显窘态。朱尊权参观了南洋兄弟烟草公司烟厂的生产线，也看出了这个国内首屈一指的民族烟企眼前的危机。国内烟企发展的道路一直都不顺利。1905 年成立的南洋烟草公司（后更名为南洋兄弟烟草公司）经过 40 余年艰难的发展之后，成为国内最大的民族卷烟企业，但体量也与英美烟草公司有较大差距。

因为同样的原因，重庆华福烟厂的日子也不大好过。朱尊权开始考虑自己的未来：如果有中元强大的实力作后盾，自己的卷烟生产应该还能撑得下去，但是这样勉强支撑着又有什么意义呢？民族烟企的困境何时才能解决，用什么样的方式解决？目前来看，唯一的出路就是提高卷烟的品质。具体来说，就是必须要提高烟叶生产的质量和烟企的生产技术水平。这两条必须同时满足，才能拥有与外国烟企抗衡的硬件实力。

对于国内烟草行业的现状，朱尊权已经有了非常清楚的了解。要解决目前的困难，必须放宽视野，学习国外最先进的烟叶生产和加工方法，掌握卷烟生产的先进技术，才能让民族烟企的水平有所提高。

第四章
留 学

当他向大哥朱尊民征求出国留学的意见时，朱尊民非常支持。早在20世纪初期即已赴德国留学的朱尊民深知出国学习的意义，他在德国学习的造纸技术在回国之后的十几年中得到了充分发挥，中元造纸厂的成功与他从国外学习的先进技术是分不开的。钱子宁也表示支持，并建议由中元造纸厂资助朱尊权出国学习。

20世纪40年代的美国是世界上最大的烟草生产国、消费国之一，也是世界上最大的烟草出口国，生产、加工、销售等各个环节已经高度成熟，若干大学的农学院也都设有关于烟草方面的课程。要想学习烟草，最好的选择自然是去美国。目标一旦确立，朱尊权便开始着手准备出国留学的事情。

天有不测风云。1946年春天，就在朱尊权下定决心去美国留学的

图4-1 出国前夕的朱尊权（摄于1946年）

时候，噩耗传来：大哥朱尊民乘坐的从上海回重庆的飞机失事，坠毁于湖北天门，大哥不幸遇难。这位留学德国学习造纸、回国后与同学开办中元造纸厂、事业上正春风得意的青年才俊，此时年仅 35 岁。这对朱尊权来说无疑是个晴天霹雳，这些年来，因为父亲工作的原因，他与父亲聚少离多，在遇到困难的时候，他最先想到的便是向大哥寻求帮助。无论是在学习还是在工作方面，一直是大哥在背后坚定地支持着他，包括去美国留学的计划，也是他在得到了大哥的坚决支持之后才最终拿定主意。但现实是残酷的。朱尊权并不是一个感情外露的人，尽管此时的他已经接受了现实，却怎么也无法挥去满身的悲痛。他迅速赶到了湖北，处理大哥的后事。

初 到 美 国

等到美国留学最终成行之时，已经是 1947 年的初秋。前几年朱尊民在中元造纸厂发展得一帆风顺的时候，把母亲接到了四川宜宾和他们住在一起。丈夫常年在外，刚刚失去了长子，老三（母亲对排行第三子的朱尊权的爱称）又要出远门，即使母亲赵希莲深知朱尊权出国留学的意义，却依旧恋恋不舍。

朱尊权在母亲的泪眼中离开了宜宾，一路向东到上海，带着中元造纸厂提供的 2000 元美金登上了驶往美国的轮船。同去美国的还有四妹朱尊慧。四妹毕业于四川大学园艺系，这次和三哥朱尊权一起申请到美国学习农学。

朱尊权在国立中央大学时的同学张伯毅于 1944 年赴美求学，在伊利诺伊大学学习，他已经帮朱尊权和朱尊慧办好了入学手续。因为在国内对美国大学的情况并不了解，兄妹二人均选择了伊利诺伊大学农学院就读。

在正式入学后，朱尊权碰到了一个问题：他赴美求学的主要目的是学习烟草，这个专业是他无论如何也不能放弃的，但是大学所在的伊利诺伊州是美国最重要的粮油产区，所以农学院的主要研究方向理所当然是粮油作物，没有与烟草相关的专业设置。这该如何是好？摆在朱尊权面前的有两条路：一是在伊利诺伊大学学习粮油作物，毕竟粮油作物和烟草都属于农学范畴，凭借着自己在大学时期的农科知识，再刻苦地赶一赶，顺利拿到粮油作物研究方面的学位是不成问题的；二是退学，重新选择有烟草专业的大学就读。朱尊权揣度再三，最终选择了后者，他无法放弃自己的理想。如果退学，该何去何从？

美国种植烟草的历史已相当悠久。1492年，当哥伦布抵达美洲的时候，就发现当地的土著人在吸一种植物的叶子燃烧后产生的有着浓郁香味的烟。16世纪，这种植物被带回了欧洲，但主要是当作一种药物而不是日常吸食。17世纪初期，英国人来到美洲，烟草很快在美洲盛行起来并开始在大范围内种植，维吉尼亚州和马里兰州成为早期烟草的种植中心，后来，卡罗莱纳州、田纳西州、肯塔基州和俄亥俄州也都成为重要的烟草产区。

朱尊权到达美国的时候，烟草已经在这片大陆上有超过300年的历史。美国已基本形成烤烟、白肋烟、雪茄烟等不同的产区。

在美国，烤烟产量最大，价值也最高，主要产区分布在北卡罗莱纳、南卡罗莱纳、弗吉尼亚、乔治亚、佛罗里达和阿拉巴马六个州。其中北卡罗莱纳州是最主要的烤烟产地。

白肋烟是1864年俄亥俄州农场发现的一个烟草变种。它与常见的烤烟不同，具有吸湿性强的特点，颜色比烤烟要深，香味更浓，是混合型卷烟的重要原料。因气味香浓，在美国南北战争之后，白肋烟的种植范围大幅扩展。主产区是肯塔基州，其他产区包括田纳西、俄亥俄、印第安纳、弗吉尼亚、北卡罗莱纳、西弗吉尼亚、密苏里、阿拉巴马、乔治亚、堪萨斯和南卡罗莱纳11个州。雪茄烟与烤烟和白肋烟具有较大差别，主要产于宾夕法尼亚、俄亥俄、康涅狄格、马萨诸塞、威斯康星、明尼苏达和波多黎各。

白肋烟对朱尊权来说几乎是一种全新的烟草类型。山东、安徽和河南主要种植的是烤烟，四川以前是国内主要的雪茄烟产区，抗战时期和云南、贵州等地一起引种烤烟获得成功，而白肋烟在美国占有这么大的市场，在国内却一直没有推广。朱尊权对白肋烟产生了兴趣。

肯塔基州立大学和魏禄教授

朱尊权在报纸上看到了一条与肯塔基州立大学烟草专业的魏禄[①]教授有关报道，对魏禄教授开展的烟草病虫害防治研究产生了浓厚兴趣。他进而从同学那里得知魏禄是当时美国烟草行业顶尖的学术研究权威，于是产生了跟随魏禄学习烟草的念头，他尝试着向肯塔基州立大学农学院写了一封求学信。

在白肋烟的主产区肯塔基，魏禄的主要研究精力投入到烟草的病虫害研究中。在肯塔基的白肋烟生长过程中，有一种最为常见的根黑腐病一直困扰着烟农。烟苗染上根黑腐病之后，病菌首先从幼苗的土表部位侵入，病斑在烟株茎部环绕并向上入侵叶子，引起腐烂，毁掉烟苗，严重受害的烟苗病根全部变黑腐烂，烟株因此死掉。魏禄研究发现，这种烟草病是由一种属于半知菌亚门真菌——基生根串珠霉的病毒引起的。于是他以杂交育种的方式培养出代号为"Ky16"的白肋烟品种，专门抵抗黑根腐病，在肯塔基州得到了广泛推广。魏禄当时已是美国烟草行业知名的教授，特别是在白肋烟产区，更是首屈一指的烟叶病虫害防治专家。

1947年秋天，魏禄开展的烟叶花叶病研究已经接近尾声，他收到了一封来自伊利诺伊大学的信。信是一名叫朱尊权的中国留学生写来的。在信中，这位年轻的中国人说自己决定放弃在伊利诺伊大学的学习机会，希望跟随他学习烟草。魏禄喜欢有冒险精神的年轻人，当即回信答应了朱尊权的要求。很快，朱尊权从伊利诺伊大学退学，正式到肯塔基州立大学就读，学习烟草。

[①] 魏禄（W. D. Valleau），1891年生于美国明尼苏达州的明尼阿波里斯市，在圣保罗长大，1913年在明尼苏达大学获得学士学位，四年之后获得明尼苏达大学植物遗传学和细胞学博士学位。1919年他来到肯塔基州立大学，并在此开始了终其一生的农学研究。除了烟草之外，他还曾经研究过玉米和豆科植物的病虫害。

此时正值第二次世界大战结束不久，大量的美国退伍军人进入大学学习。为了满足突然增加的学生数量，美国的许多大学增加了教学力度，纷纷将以往的两个学期扩展到四个学期。在以学分制为主的肯塔基州立大学，朱尊权仅用一年时间就修满了两年的学分。

在学习的一年时间里，主要以学习生物学、遗传学等基础课程为主，对朱尊权来说压力并不是很大。而他最渴望学习的烟草专业方面的课程却没有开设，魏禄平时也忙于自己的植物病理学研究，很少专门给朱尊权讲授烟草方面的课程。朱尊权一方面通过课外学习的方式，大量补充烟叶病虫害和遗传育种方面的知识；另一方面，他常到魏禄主持的实验室去了解其研究内容和最新成果。时间一长，魏禄对这个勤奋好学的中国青年产生了好感。1948年夏天，他进入硕士研究生毕业答辩阶段。

这时朱尊权也开始考虑自己未来的发展方向，要么继续在肯塔基州立大学攻读烟草方向的博士学位，至少还需要两年时间，或者更长；要么毕业后先在魏禄实验室工作一段时间，接触一些实际的研究工作，他个人倾向于后者。

朱尊权的毕业答辩由魏禄主持，另外还有系主任比尔以及一位遗传学的教授。答辩历时很长，但朱尊权回答得逻辑相当清晰。特别是对于教授们提出的烟叶抗野火病的问题，他直接引用了魏禄实验室正在进行的研究，从白肋烟遗传育种的角度给出了行之有效的对策，令三位答辩教授非常满意，他们对朱尊权的答辩给出了好评。特别是魏禄，对于朱尊权如此清楚地了解自己在烟株抗病方面的最新研究成果颇感惊讶。

答辩结束后，魏禄立即向朱尊权提出邀请，希望他能留在自己的实验室工作。这对朱尊权来说无疑是个绝好的机会，在学习期间经常光顾魏禄实验室的时候，他就渴望有一天能够到这里工作。这是进行烟草病虫害防治研究最直接有效的方式。朱尊权答应了魏禄的邀请，以助理研究员的身份留在了这个烟草研究室。

在魏禄身上，朱尊权似乎看到了当年在国立中央大学上学时的导师金善宝教授的影子。和金善宝一样，魏禄非常注重结合实际情况进行研究。因为帮助解决烟草种植过程中的各种实际问题，魏禄深得肯塔基州烟农的爱戴，他们还集资买了一辆凯迪拉克小汽车送给他。烟农平时一旦发现什么问题，就会直接给他打电话，而魏禄一旦接到这类电话，二话不说便开上小汽车到烟田查看情况。有时候，他会带上朱尊权一起去烟田为烟农解决问题。

当年在中央大学上学的时候，金善宝也时常要求朱尊权和其他同学研究工作必须要结合实际情况，在条件艰苦的抗战年代，他也尽可能为学生们提供试验和调查的机会，以增加他们解决问题的能力。在回忆金善宝和魏禄这两位不同国籍的老师的时候，朱尊权深有感悟。他在日后的烟草领域的工作之中，一直坚守着这两位老师对他同样的教导：研究工作必须结合实际情况。在总结他一生的研究工作时，朱尊权认为，不断地研究并解决实际问题是他一生的工作主线。

在美国学习烟草的时候，朱尊权一直没有中断和国内烟草界的联系。除了大学同学，他还非常关注国内烟厂的发展情况。在一封他给张逸宾和王承翰的信中，他介绍了美国烟叶生产的情况：

逸宾、承翰兄：

去年十一月来信收到后，种种没有道理的缘故，至今才能回信，抱歉万分！

美国各农学院均重实际，非本州所产作物，多不甚注意，故在伊利诺伊难作久留，翻阅各校课程表，仅肯（塔启）大开有烟草课程，乃设法转入此校，在伊大读两个月，放弃了，于一月五日到此上课。

这里是白肋烟的产地中心，目前正是上市的时候，学校与农部工作站合作的一个试验晾烟房（air cured Barn）很好，晾房有个小房间，可以在此测出晾房内每一部分的温湿度来。

我或者在这儿读 M.S（如暑期到北卡州去看烤烟与收获，则年底始可完毕），或根本不管学位不学位，只在此读一学期（一年分四学期），及转北卡州，而后到康涅迪克州去看雪茄包皮烟和宾夕法尼亚州去看雪茄心烟区，而后再设法去找地方实习，不过尚未完全确定，要看各种附带条件再说。

我想美国式的混合型卷烟（Blended Cigarettes）如在中国流行的话，怀特白肋烟（White Burley）大可推广。中国一般土烟青草气太重，就是调制初期黄变太快，烟叶内部的化学变化未能完成所致。晾烟的调制程序如能改良，再加以品种，栽培，肥料的研究，定有前途，是烟产改进处应该注意工作之一，兄等以为然否？

逸宾兄信中所提各点，据弟目前所知，分述如下：

1. 烤烟炉——自动烤烟炉控制温度，只要经济力量够就可以用，我在伊州住的房子就是用此种设备的炉子，自己在一个刻度表上标出屋中所要的温度，如温度低于此标准，它就自动加煤或加油，满足温度后即自动停止。

用油代替煤，可以省去火管，因为油无烟子，这些全是成本问题。

熏烟原来用柴，目的是加温度与烟子熏，现在的趋势，不重温度，只重烟熏，所以多改用锯木屑子。

2. 土耳其烟——在弗吉尼亚与北卡罗林两州试验，现在的问题一是技术上的，另一是经济方面的，因为土耳其烟产量较低，叶子太小，每英亩产叶子150万张（美国烤烟区为每英亩10万张叶子），高价的人工是太不合算，美国发展土耳其烟草，经济问题的解决重于技术方面。

现在虽未曾尝试过，但据我想和他们要点种子是不成问题的，因为他们成功的种子都推广到民间去了，我并可结识些土耳其留学生，将来同他们联系，直接要土耳其或希腊烟种，也不致有问题。

所开来大批书名，非弟经济力量可购，同时这些书也未见得有多少价值。还有美国打仗多年，现在慢慢地将有价值的书都要重版，所以慢慢挑选比较好些。随便翻一下，每个图的书目索引上都有许多此类的书。

Garner 的一本：The production of tobacco，颇有价值，各方面均提到一点，我早买过一本，现再买一本寄上，其他容缓设法，打算在决定回国前，看经济所余，再大批买书。

《烟草》已出至八期深可庆幸，希兄等本"精益求精"的精神努力维持，弟当尽可能力量协助之。

华福近况如何？物价这样跳动，各烟厂情形怎样？宇宙的情形怎样了？我一直未曾与他们联系。

　　敬祝　俪安！

弟尊权于勒克星顿一月十七日 ①

张逸宾和王承翰当时在国内，除烟厂工作之外，还负责《烟草月刊》的编辑工作，收到此信后，他们将其刊登在《烟草月刊》第十二期的烟草信箱——海外归鸿栏目。同时，朱尊权发来的关于美国卷烟状况的翻译文章也被刊登在《烟草月刊》上。

烟草拍卖制度和分级体系

在烟叶生长成熟之后，烟农进行采摘，然后经过简单处理便进入销售和流通阶段。美国的烟叶销售模式与其他国家不同，采取的是拍卖制度。除了少量的雪茄烟原料，超过90%以上的烟叶都是通过拍卖所进行交易的。

美国烟叶生产刚刚兴盛的时期是通过桶装烟叶简单交换方式进行交易的。这种交易方式有个缺陷，烟叶被封在桶中，只能计数和称重，商人无法直接看到烟叶的色泽，无法直接闻烟叶的味道，因此也无法判断烟叶质量的好坏。随着烟商越来越重视烟叶的品质，烟叶的拍卖制度逐渐形成。

19世纪初期，烟农开始把散装烟叶拿到市场，直接让商人选购。1849年，维吉尼亚州正式批准允许散叶拍卖。后来，烟农们把烟叶捆成小包，这种散装拍卖方法越来越流行。

美国烟草拍卖是一个很有意思的过程，在外行人看来，几个神秘的手势和术语之后，一个原本比较复杂的拍卖交易过程就完成了。拍卖效率极高，而且秩序井然。一排排烟草被整齐地摆放在拍卖场里，标注着重量和等级，要挑选购买烟叶的经纪人和商人跟在代理人和拍卖员的后面，随

---

① 刊登于《烟草月刊》，1948年，第一卷，第十二期，第220页。署名尊权。

着拍卖员一气呵成的动作结束，他们要么买到了合适的烟叶，要么成交失败，烟叶被重新摆到拍卖桌上。

在离肯塔基州立大学不远的地方就有一个烟叶拍卖所。朱尊权常常光顾这里，对这种交易过程充满了好奇。从这里，他学习到了与课堂和实验室中完全不同的知识。拍卖场所很大，摆满各种烟叶。如果不熟悉的话，交易过程会异常缓慢，这种约定俗成的手势和术语让整个过程快速无比，但是如果不是内行人，交易几乎无法进行。从交易过程中，朱尊权看出了些门道：整个交易过程，从表面上看起来手势和术语复杂多变而难以掌握，但最关键的地方不在于此，而是美国的烟叶分级制度。

美国的烟叶分级制度非常完善，各种不同品质的烟叶被分为100多个等级，每个等级的烟叶在交易过程中会拍到不同的价格。朱尊权对烟叶的分级制度产生了更加浓厚的兴趣，因为这直接关系到烟叶的最终产品，也就是卷烟质量的控制，而且，烟叶的分级体系可以在一定程度上回答已困扰他多年的问题，不同等级和品质的烟叶吸食时的味道是不一样的，一旦确定了烟叶的等级，那么调制出满足各种消费者喜爱的口感的卷烟便不是一件困难的事情。

朱尊权报名参加了美国农业部在肯塔基大学所在地举办的白肋烟分级培训班，对整个白肋烟分级体系的理论和实践都有了较为准确地把握。美国的烟叶分级制度看似复杂，实则有内在的分级规律。先按烟叶在烟株上的部位比如腰叶、顶叶，以及烟叶的颜色来进行分组，然后根据质量的好坏进行分级。一旦新的状况出现，就会成立一个新的组，并在此基础上增加几个等级。所以，在美国的烟叶分级标准中，等级总数是在不断变化的。由120多个等级增加到140多个，后来又变为160多个等级。

比如有些烟叶，色泽金黄，光泽好，但发育不足，成熟度有所欠缺，因此内在的质量很差，分级制度里便增加一个"S"组，称为光滑烟。还有些很大很粗糙的烟叶，因为杂气刺激味太重，在工业上根本无法使用，便专门设置了一个"R"组，这种烟叶的质量很差，所以价格也很低。有些烟叶有特殊用途，分级制度里定了一个包皮组，这些烟叶颜色和光泽都很好，油分和弹性也不错，卷烟不一定需要，但可以做嚼烟和板烟的包皮，所以价格很贵。还有些烟叶外观欠佳，但成熟度很好，于是又定了一个完熟等级，叫做"H"，这种烟叶的生长和调制过程非常彻底，不经过发酵处理，杂气就很少，香气也很好。美国的各种烟叶基本上都是通过拍卖所进行交易，因此除了卷烟厂之外，雪茄烟厂、板烟厂、嚼烟厂以及各类烟叶商都来到拍卖所购买自己需要的烟叶，各种类型和品质的烟叶也都能在这里买到。

通过美国烟叶等级制度培训，朱尊权理解了烟叶分级的内在理念。烟草拍卖所实际上是烟农领取薪水的地方，生产出什么样的烟叶，就能得到相应的报酬，非常公平合理，同时，烟草企业则可以以最合理的成本采购到自己所需的各类原料。看起来条条框框甚多的烟叶分级制度正好充分体现了美国烟叶交易的科学性。

1947年11月，朱尊权正在肯塔基州立大学紧张学习之际，与他以前在国内有过数次接触的朋友左天觉，在国民政府农林部烟产改进处处长沈宗瀚的支持下，带薪离开烟产改进处的工作岗位，只身赴美，到宾夕法尼亚州跟随著名烟草学家杰生教授攻读生化博士学位。

这两名第一批国民政府烟草奖学金获得者，为了同样的目的来到美国学习烟草，不同的是，朱尊权在肯塔基这个白肋烟产区学习植病防治，而左天觉则在雪茄烟产区宾夕法尼亚州学习生化，至此，他们两人开始了比较密切的联系。1948年夏天，左天觉从宾州坐长途汽车到肯塔基州立大学来看朱尊权，并与魏禄教授交流，他发现魏禄非常欣赏这位刚留在自己实验室工作的中国人。魏禄对人一向和蔼，他非常坦率地与远道而来的左天觉聊烟草，并开着肯塔基州烟农送给他的凯迪拉克小汽车带上朱尊权和左天觉去烟田看烟叶生长情况。

实验室工作

朱尊权在魏禄实验室的主要工作仍是烟苗的遗传选种，此时魏禄正在进行的烟叶抗野火病研究已经接近尾声，到了冲刺阶段。烟叶的野火病是由短杆状的野火病菌引起的，这种病菌通常感染烟叶，也侵害烟株的花、蒴果和种子。在感染野火病菌后，烟叶上出现圆形的小斑点，后来斑点逐渐扩大，中心变成褐色，周围形成一圈很宽的黄绿色晕环，斑点最大可达1—2厘米，随着病菌的侵蚀，这些斑点会合并在一起，中心褐色的部分干枯破碎并脱落。如果遇到温暖潮湿的气候，病害蔓延非常迅速，往往引起幼苗成片地腐烂而倒伏死亡，如同被野火焚烧过一样，烟叶的野火病因此而得名。

魏禄仍然从自己擅长的遗传选种法入手，力求培育出具有野火病菌抗体的烟苗。这是一件非常复杂的工程，魏禄需要先找到具有抗野火病的烟种，这通常需要从大量的野生烟种中筛选出来，然后解决其与目前广泛种植的无野火病抗体的烟种的亲和问题，使之能够受孕，然后杂交、改良，以期将野火病抗性转到广泛种植的烟种中。

魏禄已经在这项工作上工作了好几年，自从抗黑根腐病的白肋烟品种Ky16被研制出来之后，他就开始以同样的思路开展了抗野火病研究。当朱尊权来到实验室工作的时候，这项研究已经到了关键时刻。他的主要任务是要从200多个烟种中，挑选出完全具有抗野火病菌的品种来。

朱尊权在实验室的工作是将烟苗分别在小盆中培育种植出来。待烟苗生长到一定阶段之后，将野火病菌植入烟株，然后，不具有抗体的烟株死去，完全抗野火病的烟苗则能够活下来。

烟苗生长需要时间，必须要等到一定阶段之后才能将病菌植入，这样就必然延长了实验期，魏禄希望能够利用半年时间完成抗野火病烟株的选育工作。但朱尊权却不这么想，或许是以前在国内进行烟叶选种试验总是在最后阶段遭到破坏给他留下了阴影，或许是他太渴望早点看到答案，他开始想办法，希望能够将选种实验的时间缩到最短。

烟苗生长初期，叶片太小，病毒的接种过程相当困难。朱尊权想到一个办法，将野火病菌混到水中，装入喷壶，然后利用喷壶的压力将液体中携带的野火病菌压入烟苗的叶片之中。这样，在烟苗很小的时候，病毒植入工作就开始了，能够得到同样的效果，完全没有抗体的烟株很快死去，有抗体的可以存活下来。到下一个生长阶段，重复性的工作再次开始，有部分抗性的烟株可能在不同的阶段死去，当所有的实验阶段完成之后，就能选出完全具有抗性的烟种来。

朱尊权在构思这个方法的时候，心里还是有些忐忑的。如果这种方法不奏效，整个工作也许会毁于一旦，必然会影响魏禄的研究。再三考量之下，他将自己的设想告诉了魏禄教授，魏禄支持他试试看，于是他就按照自己的设想开始了选种工作。

结果令人非常满意，魏禄和朱尊权仅用两个月便完成了全部的选种工作，从200多个经多次杂交、多次精选的具有较好抗病能力的单株中，朱尊权选出了两个具有完全抗性的烟种。这项工作也让魏禄非常高兴，把这个善于思考的年轻人留下来当自己的助手实在是再合适不过了。

两年之后，在魏禄总结自己在烟叶抗野火病方面的研究时，朱尊权的名字赫然列在魏禄教授的报告之中，魏禄在自己的成果中对他表示感谢，感谢他在抗野火病研究中发挥的作用。在朱尊权看来，这是魏禄对他工作的最大肯定。

回国？回国！

1949年初，朱尊权在魏禄实验室的工作正进行得如火如荼，中国内战的局势也发生了翻天覆地的变化，国共双方的舆论也在海外角力。朱尊权在美国能够买到两份中文报纸，一份是代表国民党舆论的《中西日报》，一份是代表共产党舆论的《华侨日报》。他将两份报纸同时买来，对照着看，他觉得这样才能比较客观地了解国内局势。从两份报纸上的新闻来看，朱尊权逐渐对中国共产党有了好感。得民心者得天下，这是国内大势所趋。国民党必将溃败，他开始更加关注中国共产党推行的各项政策。

从来自国内的同学那里，他也得知了当时国内的局势，这更加坚定了他的判断。1948年底，钱子宁因工作需要经过美国，朱尊权与他在纽约见了一面。朱尊权从钱子宁那里得知一个噩耗：父亲朱绶光因脑溢血，已于

1948年2月14日在武汉去世，享年63岁。因为朱尊权远在美国求学，及时得知这个消息也无济于事，所以家里一直没有告诉他。

出国之前父亲对朱尊权的教诲，就如同昨天一样清晰，但父亲却已永远离开了他。泪水模糊了朱尊权的双眼，但此时的他说不出任何一句话，自从来到美国求学，他没有任何一个时刻像现在这样，渴望回到祖国，渴望回到母亲和兄弟姐妹们身边。

一封封来自上海的书信也在不时牵动着朱尊权的心。从信中书写纤美的文字中，朱尊权更清楚地了解到国内特别是上海的局势。信是一位叫姚雪英的女孩写来的，这是一位比他小八岁的上海姑娘，朱尊权出国前在上海的一个同学聚会上认识的。那次聚会本是为一对相亲的青年男女而举行，男方是朱尊权的大学同班同学，女方是姚雪英的好友。同时参加聚会的男女青年各有七八名，朱尊权潇洒倜傥，姚雪英白皙文静，聚会上，二人互生好感。后来，相亲双方因其他原因最终未能走在一起，而这次聚会却成全了朱尊权和姚雪英。

来美国之后，朱尊权一直未能忘记那次聚会，开始了与姚雪英的书信往来。1949年的信中，姚雪英对共产党的好感跃然纸上，这是一个普通人对共产党的评价，不带任何政治色彩，这种评价才是真实的。

1949年10月1日，中华人民共和国成立，在全国范围内开始了恢复生产的运动。王承翰，这位朱尊权在中央大学的昔日同学，已于1945年抗战胜利之后来到上海，在烟厂工作。他给朱尊权写信，介绍新中国成立后上海烟草行业的状况。国内的烟草发展急需专业人才，他希望朱尊权能够回国，一起为振兴烟草行业出力。华东工业部的有关领导和军代表得知在美国专攻烟草的朱尊权的情况，也托王承翰在信中表达了他们求贤若渴的心情。

至此，朱尊权更加坚定了回国的决定。他对魏禄提出了回国的要求，魏禄感到非常吃惊，此时正处于朱尊权研究上的黄金时期，如果留下来，凭借他的天分和勤奋，足以在烟草领域做出显赫的成果。然而，尽管对朱尊权提出了挽留，一向宽厚的魏禄也同样对他的选择表示理解和尊重，不过，他的实验室将失去一位得力的助手。

1949年11月4日，尽管父亲朱绶光已经去世，作为国民党高级将领的家属，其母赵希莲、四弟朱尊志夫妇和五妹朱尊华仍然在国民党行政院的安排下，自成都飞抵台湾。就在王承翰、姚雪英等人对朱尊权发出回国召唤的同时，母亲赵希莲也对他发出了召唤，希望他能回到台湾，到自己身边一起生活。

对于母亲和弟弟妹妹们赴台湾之事，朱尊权有自己的看法。如果父亲朱绶光仍然在世，或许他们会留在大陆。朱绶光自日本留学时起，便接受了革命和改良思想影响，他戎马一生为国家和民族富强而奋斗，他同情共产党并设法解救过共产党人，比如在30年代他便以同乡的身份营救过新中国成立后担任北京大学党委第二副书记的马游。抗日战争时期，朱绶光与红军总司令朱德曾共同指挥对日作战，结成了深厚的战争友谊，两人有"同姓、同庚、同宗、同源、同科"这五同，一直交往甚笃。在陕西榆林主持安定绥蒙工作时，每次需要回重庆时，与其他国民党官员避开延安不同，朱绶光必然主动路过延安，与朱德促膝长谈。有一次，朱绶光在经过

图4-2　赵希莲与部分家人合影（1953年，台湾，前排左三为赵希莲）

第四章　留学

延安的时候，朱德还送给他两条在延安大生产运动中制成的毯子，朱绶光非常高兴，一直随身携带，这件事给朱尊权留下了相当深刻的印象。

对于数十年来国民政府的腐败，朱绶光一直深恶痛绝。在解放战争后期，朱绶光昔日的好友程潜、李书诚等人在中国共产党的感召下转为解放全中国效力。朱尊权常常设想，如果父亲仍然在世，想必会明大是大非，和他们一样。

但历史不能假设，母亲和四弟一家、五妹等人已经到了台湾并被很好地安顿了下来，只有两位已成家的姐姐和她们的家人留在大陆。从某种程度上讲，实际上朱尊权的家已经迁到了台湾。朱尊权时常想着母亲，面对她的召唤，他犹豫了。大陆和台湾，摆在朱尊权面前的是两条路。

朱尊权的烟草情节已然挥之不去了。学成之后，他决定投身烟草行业。台湾地域有限，发展烟草的舞台也不大，但是大陆不一样，极大的烟草消费市场，各种不同类型的烟叶产区，广阔天地大有作为。从烟草的发展来看，他倾向于回大陆。

朱尊权对中国的时局也有自己的判断：国民党尽管已经退守台湾，但坚持不了多长时间，台湾的解放也就是两三年内的事情。即使现在回到台湾研究烟草，以后台湾解放了，还是要回到大陆。与其这样，还不如直接回到大陆。

权衡再三，他坚定了回大陆的念头。多年之后，当朱尊权回忆这次抉择时，仍然认为自己做出了正确的选择，但是结果含有遗憾：台湾未能如他所愿回归，他也再没能见到亲爱的母亲一面。母亲遗憾于"老三不回家"，不禁让朱尊权内心充满愧疚。1993年，朱尊权随着烟叶考察团来到台湾，此时母亲已去世多年，年过古稀的他来到台南母亲的墓前，泪水奔涌而出。他想表达的最深切的思念和愧疚，母亲早已听不见了。

把一切事情都安顿好之后，已是1950年初，朱尊权打电话订好了从洛杉矶到香港的船票。告别魏禄教授和肯塔基州立大学的同学，他离开了这个学习和工作了两年的地方，来到洛杉矶，四妹朱尊慧夫妇生活在这里，四妹已经开始攻读博士学位了。

让朱尊权始料未及的是回国的行程遇到了大麻烦。当他到洛杉矶港口去领取一个月前业已订好的船票时，却被告知如要上客船，必须持有香港的签证才行，朱尊权手上当然没有香港签证。除非能马上拿到香港的签证，否则无法获得船票，要么继续留在美国，要么就只能想别的办法。不过，办事员提醒朱尊权，货船不需要香港签证，如果要去中国大陆，可以乘坐货船。

朱尊权明白了，此时美国反共、排外的麦卡锡主义已经全面抬头，这直接影响到此时准备回国的所有中国人。也许是命运的安排，要把朱尊权留在美国？身边的朋友们纷纷劝他，凭借他所学的烟草知识，在第二次世界大战之后快速发展的烟草行业里找个工作是轻而易举的事情，而国内经过抗战和内战之后，满目疮痍，经济发展落后，还不知道回国之后是什么样的情况呢。

困难阻挡不了朱尊权回国的决心。货船就货船吧，朱尊权心里想。但是货船和客船不一样，没有固定的发船时间，只能经常到码头去看，如果正好碰到有去中国大陆的货船，就能上船回国。

1950年3月中旬，朱尊权终于等到了机会，他告别了四妹夫妇和众多朋友，登上了回国的货船。

朱尊权并不是唯一受到麦卡锡主义影响的归国青年。在这艘货船上，除他之外，还有三名年轻人和朱尊权一样，他们也同样兴奋，带着学成后报效国家的憧憬，而完全忽视了货船上艰苦的条件。

在船上，四位怀着同样梦想的年轻人海阔天空无所不谈，时间过得很快。4月初，货船经过马尼拉在香港短暂停靠，但他们因为没有香港签证无法上岸。中元造纸厂在香港办事处的昔日同事上船来看望朱尊权，短暂的交流之后，货船又启程向北，经过青岛最终到达塘沽大沽口，朱尊权和其他三位年轻人才真正又踏上了中国的土地。

第五章
立 业

朱尊权从天津登上了到北京的火车，很快回到了北京。他来到北京饭店，这里离他20年前在北京的家不远，但饭店客满无法入住，有人告诉他，教育部在西单设有一个专门的接待站，专门接待从海外留学归国的学生，建议朱尊权去看看。

他赶到西单，果然如人所言，教育部海外留学生接待站设在这里。工作人员询问了他在美国所学的专业，登记了信息之后，根据用人单位的需求推荐他到华北农业科学研究所工作。

华北农业科学研究所

带着接待站的介绍信，他来到北京城北的华北农业科学研究所。华北农业科学研究所由北平农事试验场改制而成，也即1957年成立的中国农业科学院的前身。华北农业科学研究所设置有特种作物研究室，烟草属于特种作物研究室的研究范围，但此时研究室只有一位姓赖的同志从事烟草专业，研究力量相当缺乏，研究所和研究室领导对朱尊权的到来十分重视。

特种作物研究室主任王桂五[①]得知自美国学成归来的中央大学校友朱尊权回国发展烟草事业非常高兴，求贤若渴的心情溢于言表，他立即带着朱尊权去见研究所的领导和军代表，朱尊权受到了热烈欢迎。

　　在华北农业科学研究所领导的安排下，刚回国不久的朱尊权参加了当年的"五一"庆典活动。庆典活动中群众热情饱满的精神风貌给他留下了深刻印象，他开始觉得自己回到大陆是正确的选择，在这样的精神风气下，还有什么事情是不能完成的呢？

　　在与华北农业科学研究所沟通的过程中，其他机构也纷纷对朱尊权伸出了橄榄枝。北京农业大学农学系教授蔡旭[②]，得知朱尊权回国之后立即向他发出邀请，希望他能够到北京农业大学农学系工作。同样是金善宝教授的学生，1937年朱尊权刚刚进入中央大学农艺系的时候，蔡旭还在中央大学工作，担任金善宝教授的助手，后来蔡旭到四川省农业改进所工作。朱尊权经常去所里找鲍文奎，也常常碰到蔡旭，因此两人非常熟悉，对彼此的研究工作也相当的了解。蔡旭邀请朱尊权去北京农业大学农艺系工作，带领系里的烟草作物研究工作，朱尊权慎重地考虑了这个邀请。

学 派 之 争

　　但是朱尊权有些犹豫。在1947年朱尊权赴美留学之前，他昔日好友鲍文奎在四川农业改进所李先闻教授的推荐下，得到"美租借法案"的

---

　　① 王桂五，1907年生于山东冠县，我国著名的棉花专家。于1933年毕业于国立中央大学农艺系，1937年公派出国留学，赴美国得克萨斯州农工学院研究院攻读棉花育种与栽培研究生课程，获硕士学位，之后又转入明尼苏达大学农艺系攻读博士，1940年获得博士学位后留校任教。同年回国工作，先后在陕西、北京、河北等地从事棉花的研究和良种推广工作。1949年1月，在农业部华北农业科学研究所任技正兼作物系主任。

　　② 蔡旭，1911年出生，江苏武进人。1934年毕业于中央大学农艺系，是金善宝教授的大弟子，毕业后留校工作。1938年，蔡旭转入四川省农业改进所食粮作物组任麦作股股长开展小麦育种工作，1945年春赴美，先后在康奈尔大学、明尼苏达大学深造，次年回国，在北京大学农学院农艺系任副教授，讲授作物育种学、麦作学等课程，并开展小麦育种工作。

资助，比他稍早赴美，在加州理工学院生物系攻读遗传学博士学位。

当时的美国，有两个遗传学研究非常发达的研究中心，一个是在美国西部，即鲍文奎所在的加州理工学院，另一个在美国东部的康奈尔大学。康奈尔大学的遗传学研究领导者是以玉米为主要研究材料的艾默生教授（Rollins Adams Emerson，1873—1947），也就是李先闻在美国读书期间的导师；加州理工学院的遗传学研究领导者则是大名鼎鼎的摩尔根教授（Thomas Hunt Morgan，1866—1945），以果蝇为研究材料。

1926年，摩尔根高度概括了当时遗传学领域业已取得的成果，提出了基因学说。他认为，基因在生物遗传的过程中起决定性作用。几乎是在相同的时代，一位致力于通过外界环境的作用定向培育新品种的研究者、苏联植物育种学家米丘林（Ivan Vladimirovich Michurin，1855—1935）提出通过创造一定的外界条件来控制生物的生长发育，以达到人类所需要的目的，他反对摩尔根提出的基因学说，认为生物本身的遗传物质对生物性状的决定作用有限。

在米丘林去世之后，苏联农业科学家李森科（Trofim Denisovich Lysenko，1898—1976）举起米丘林的旗帜，强烈反对孟德尔－摩尔根的学术传统，并将反对摩尔根学派的观念从学术领域延伸到了政治领域。在苏联最高领导人的支持下，许多遵循摩尔根研究传统、在遗传学领域与李森科存在不同见解的生物学家受到了强烈打压和迫害，整个苏联生物学界一片乱象。

20世纪40年代末期，李森科在苏联生物学界的影响力达到顶峰，特别是在1948年8月召开的上千人参加的全苏列宁农业科学院会议上，李森科作了《论生物科学现状》的报告。他把自己提出来的所谓新理论和新见解概括起来，纳入到米丘林生物学中作为其主要内容。李森科在报告中称米丘林生物学是社会主义的，是进步的，是唯物主义和无产阶级的，而与之相对立的孟德尔－摩尔根遗传学传统则是反动的，唯心主义的，形而上学和资产阶级的。打上了政治标签之后，苏联正统的遗传学随之被取缔。

在这次会议之后，大学里被禁止教授摩尔根遗传学，科研机构也停止了一切非李森科学说的研究任务。大批研究机构和实验室或关闭，或改建，或撤销。数千名遗传学家失去了研究工作，受到不同程度的迫害，甚至被流放。如此大规模地、并且带着强烈的意识形态色彩的学派之争给苏联的遗传学研究造成了不可挽回的损失。

鲍文奎到加州理工学院的时候，摩尔根教授已经去世，比德尔教授（George Wells Beadle，1903—1989）主持这里的研究工作。另一位艾默生教授（Sterling Emerson，1900—1988）在这里，他是康奈尔大学 R.A. 艾默生教授的儿子，在李先闻的推荐下鲍文奎跟随他做博士论文。

加州理工学院当然是摩尔根学派的大本营，鲍文奎在这里所从事的博士学位论文的研究便是关于链孢霉菌的一个隐性突变体 25a 的基因作用机理。他对摩尔根学派的理论深信不疑，但他个人的主要兴趣仍然在于应用遗传学，他希望能够利用已知的植物多倍体发生规律开展多倍体育种。在即将拿到博士学位之际，鲍文奎购买了开展植物多倍体研究所必需的试验设备和药品，同时也预订了回国的船票，准备回国开展这方面的研究。

然而，米丘林和摩尔根学派之争在苏联的扩大化也在美国的遗传学界造成了一定影响。鲍文奎在这里读到了 1948 年苏联关于孟德尔－摩尔根遗传学大辩论的文集，他知道李森科是反对多倍体研究的，而这种反对是毫无道理的。在新中国成立之后，他也曾忧虑这种掺杂了意识形态的学派之争是否会影响到同样是社会主义国家的中国，但他估计在中国不可能闹得像苏联那么离谱。

鲍文奎回到国内之后，罗宗洛邀请他去中国科学院上海植物生理研究所工作，他拒绝了罗宗洛的邀请，仍然回到四川省农业改进所，准备潜心开展自己的多倍体试验。

同在美国期间，朱尊权和鲍文奎保持着通信，在往来信件中，朱尊权看出鲍文奎对学派之争的隐隐担忧。朱尊权凭借自己所学的生物学知识体系，判断出摩尔根学说的正确性。但是无论如何，学派之争一旦涉及政治因素就变得捉摸不定了。

朱尊权回到北京之后，通过与以前的同学和朋友交流，发现苏联的学派之争确实已经在国内初现端倪，这不免让他有些焦虑：他的知识背景不可能去支持李森科的学说，但如果反对的话，自己的正常研究势必无法开展，怎么办？

第五章 立 业

第二次转型

对朱尊权来说只有一条路：如果要避免被卷入学派之争，又不放弃自己热爱的烟草事业，那么必须离开烟草农业的研究领域，重新走到烟草工业的道路上来。国内烟草工业的重镇毫无疑问是上海，他的大学同学王承翰、张逸宾、徐洪畴都在那里，华东工业部的领导和军代表也热切地盼望朱尊权去上海工作，朱尊权终于下定决心离开华北农业科学研究所，准备去上海。这是朱尊权第二次从烟草农业转向烟草工业。

告别了北京的同学、朋友和华北农业科学研究所的同事后，朱尊权将自己从美国带回来的烟草的相关资料都交给了研究所的特种作物研究室，之后登上火车来到上海。

数年之后，他感慨自己又选择了一条正确的道路。一方面，投身烟草工业，他可从卷烟工艺的角度反过来指导烟草农业的生产，更容易提高卷烟的品质；另一方面，鲍文奎回国之后，研究工作的确在很大程度上受到了学派之争的影响。1954年11月，在上千人参加的农业生产大会上，鲍文奎开展的多倍体研究工作被大肆批判。批判者从李森科的语录中找出两句对多倍体批判性评语，并以此为依据将所有秋播的多倍体材料全部铲除，多倍体研究工作只得停止。1956年，鲍文奎离开成都到北京重新开始研究工作。

华东工业部卷烟工业组

1950年的上海，百废待兴。朱尊权到上海的当天，老同学王承翰和张逸宾一起到车站接他。

在抗日战争时期，日军为了统制在华的卷烟工业，将东洋叶烟草株式会社、东亚烟草株式会社、共盛烟草株式会社、兴亚烟草株式会社、武汉华生烟草株式会社和华北东亚烟草株式会社六家会社进行了合并，并在上海组织成立了中华烟草株式会社，会社在上海设办了三家卷烟厂。

抗日战争结束之后，中华烟草株式会社等机构被国民政府经济部苏浙皖区特派员办公处烟草组接收。1946年1月，国民政府将这些机构整合，组成了中华烟草公司。1949年5月31日，上海解放之后，上海军事管制委员会正式接管中华烟草公司及其下属三家卷烟厂、三个仓库和一家机械修理厂，之后更名为国营中华烟草公司。王承翰和张逸宾都在上海国营中华烟草公司工作，王承翰此时为国营中华烟草公司厂务科科长，张逸宾担任国营中华烟草公司一厂的副厂长。

王承翰带着朱尊权见到了军代表詹浩生[①]，此时詹浩生已经兼任国营上海烟草公司总经理。这个穿着一身军装、肤色黝黑的总经理丝毫没有领导的架子。詹浩生一开口，浓浓的湖北乡音就流露了出来，略显憨厚的神态、恳切而平和的话语，让朱尊权顿生好感。朱尊权也敞开心扉，把自己的真实想法一一道来。从自己的家庭背景、求学经历、美国留学历程、所学内容和对以后工作的设想完整而诚恳地说了出来。这正是公司所需要的人才！一番交谈之后，詹浩生向朱尊权伸出了手，欢迎他参加到这个大家庭中来。

紧随其后，朱尊权见到了薛葆鼎[②]，时任华东工业部轻工业处处长。他和詹浩生的风格完全不同，带有浓厚的知识分子气息。

与朱尊权有着相似的经历，薛葆鼎也是从美国留学归国的，所以二人

---

① 詹浩生，1902年生于湖北红安，1928年8月参加革命工作，曾任湖北省大悟县河口镇工会会员、红色赤卫队独立营营长、警卫连连长等职，并加入了中国共产党。1930年，詹浩生参加红四方面军第七教导队，历任司务长、排长、队长，其后参加了长征。长征胜利之后，他曾在抗日军政大学、鲁中地区工商局、山东省战时工作委员会等单位工作。

② 薛葆鼎，浙江绍兴人，1934年入南京中央大学化学工程系，因参与爱国学生运动，1937年初被迫转学，1941年毕业于成都金陵大学化学工程系。1947年7月获得美国匹兹堡大学化学工程系硕士学位，之后回国在华东工业部任职。

更是有着很多的共同语言。同样，薛葆鼎认定朱尊权是个人才，日后必将在中国的烟草发展史上发挥重要作用，一定要将他留下来。

于是，自1950年5月，朱尊权的名字开始在华东工业部卷烟工业组研究员的名单中出现。也是从这里开始，朱尊权将自己的一生与中国的烟草事业紧密地联系在一起。

姚 雪 英

朱尊权同样急切地盼望见到姚雪英，这位自出国以来只能通过书信往来的女孩，此时刚刚从上海财经大学毕业，在上海市委的干部医院做财务工作。数年不见，他们彼此的好感却更深，这对年轻男女在上海滩谈论着这些年来的经历，也互相倾诉着离别的相思之苦。

图 5-1　朱尊权与姚雪英（1950年，上海）

姚雪英出身名门。其父姚传法[①]，是我国著名的林学家和林业教育家，中国林业事业的先驱者之一，同时也是中华林学会重要的创始人之一。姚雪英在父母的悉心抚养下长大，自小受到良好的教育。她带着朱尊权去见自己的母亲，这位英俊帅气、举止得体、谈吐非凡的小伙子第一次见面就给姚雪英的母亲留下了极好的印象。1950年11月26日，朱尊权和姚雪英在上海结婚，从此互相理解和支持。

图 5-2　朱尊权夫妇与女儿朱勇进（摄于 2009 年 11 月 26 日）

---

① 姚传法，1893 年生于上海，1914 年毕业于上海沪江大学，1915 年自费留学美国，到俄亥俄州大学深造。1919 年毕业，获得科学硕士学位，之后转入耶鲁大学林学院继续学习，于1921 年获林学硕士学位。回国后在上海复旦大学、上海沪江大学等校任教，1924 年受聘为国立北京农业大学森林系教授。1925 年后，历任南京国立东南大学农科教授、江苏省农林局局长、中华林学会首任理事长、江苏省农矿厅技正。1941 年，再次当选为中华林学会理事长。从 1932 年起担任国民党立法委员并连续任职长达 15 年之久，是南京国民政府《森林法》起草工作之重要参与者。

第五章　立　业

以烟草为业

华东工业部卷烟工业组的负责人也是詹浩生,组里包括朱尊权在内总共有五六位研究员,包括从颐中烟草股份有限公司[①]过来的、思想上比较进步一点的两位老技术人员。另外,早年毕业于金陵大学农学院烟草专业的丁瑞康也在卷烟工业组工作。丁瑞康早年因家庭原因进入烟草行业,其姐夫邬挺生[②]是民国时期烟草界非常著名的人物。丁瑞康读大学的时候,邬挺生已经在烟草行业发展得风生水起,在他的影响下,丁瑞康选择了烟草作为自己的专业。毕业后进入烟草行业,他长期进行烟叶进口和买卖工作,对烟草的质量比较熟悉。

华东工业部卷烟工业组的办公室很大,詹浩生和大家坐在一起。组里的任务主要是指导烟厂的卷烟生产。烟厂碰到什么问题便请研究人员去看看,解决实际问题,平时的工作任务也不是很繁重。时间一长,渴望直接了解卷烟生产的朱尊权就有点坐不住了。正好王承翰的办公地点在国营中华烟草公司的二厂,就是卷烟生产第一线。朱尊权向詹浩生说出自己的想法,得到詹浩生的支持,于是,朱尊权搬到了王承翰的办公

---

① 颐中烟草股份有限公司,是英美烟草公司为了规避国民政府推行的税制改革而专门在华成立的。1934年,英美烟草公司在上海成立颐中烟草股份有限公司承接驻华英美烟草公司的生产经营业务,下属机构相应地改了名字,同时将驻华英美烟草公司运输部改为颐中运销烟草股份有限公司,负责在华卷烟运销业务。

② 邬挺生,1877年生于浙江奉化。1900年,进入上海老晋隆洋行工作,其后英美烟草公司兼并老晋隆,凭借流利的英语和丰富的经商经验,邬挺生备受英美烟草公司重用。1912年,英美烟草公司出资组织协和股份有限公司,邬挺生出任总经理,兼任英美烟草公司驻北京代表并曾在河南产烟区极力推广美种烟叶。1920年,邬挺生进入南洋烟草公司任营业部经理,之后出任中国卷烟厂商公会主席兼全国纸烟捐务总局总稽核。1933年1月14日在河南成立中国许昌烟叶股份有限公司,并自任董事长、总经理。该公司先后挤垮40家烟行和30多家转运公司,通过垄断收购,操纵市价,采用压价、压级、压磅等手法,加强对烟农的剥削,同时也断掉了当地烟商运输商及有关人员财路,因此受到当地烟商豪绅及其他人员的抗议。1935年底邬挺生被枪杀于河南。

室，和他在一起工作。

新中国成立之初的上海，烟草行业刚刚受到重创。在国民党统治时期，上海作为中国烟草工业的核心地位已经形成，不仅民族卷烟企业纷纷在此设厂，外资烟草公司的重点也都在上海。但是，20世纪40年代末期，中国的民族卷烟企业远远抵抗不了外资烟厂的攻势，1949年，上海所有烟企的卷烟年产量为160万箱，国营烟厂仅占到6%，仅英美烟草公司即颐中烟草股份公司一家的产品在国内的市场占有量就超过70%。箱是卷烟的计量单位，通常是一包卷烟20支，十包为一条，50条为一件，五件为一箱，也就是每箱是五万支卷烟。

1947年，外资烟厂已经开始向境外转移资产，颐中烟公司、颐中运销公司、首善印刷公司、振兴烟叶公司等纷纷在香港注册。在上海军事管制委员会正式接管之前，中华烟草公司的主要负责人已经逃亡，其他烟厂也停产的停产、修整的修整。因此在上海解放的时候，上海共有卷烟工业企业113家，职工41047人，卷烟机919台，而实际开工仅20余家。

朱尊权进入华东工业部卷烟工业组的时候，国营中华烟草公司刚刚恢复生产。卷烟产品根据质量优劣分为甲、乙、丙、丁四个等级，当时国营中华烟草公司的主要产品是丙和丁级烟，销量最大的是丙级的双斧牌，公司的另外品牌如全禄、指南都属于丁级烟。市场上的高级烟都被外资烟草公司的产品所占据，比如白锡包（CAPSTAN）、大前门、红锡包（RUBY QUEEN）等。为了盘活企业，国营中华烟草公司决定强力支持双斧牌，以与占据较大市场份额的外烟老刀牌（海盗牌）卷烟抗衡，另外开发一种品质更好的卷烟与红锡包抗衡，后来又从革命老区引入飞马牌卷烟[1]。

---

[1] 1942年，为解决战士们的吸烟需求，新四军抗日民主根据地建成"新群烟厂"，厂址设在淮南桐城镇西街李家长庄。1945年，新群烟厂采用淮南的上好烟叶和配料精制而成一款卷烟，命名为飞马牌，质量超过了红锡包和老刀牌卷烟。新中国成立之后，国营中华烟草公司将飞马牌卷烟引入上海生产，目的在于抢占高档烟的市场份额。

中华牌卷烟

朱尊权到王承翰那里办公不久，就接到了在国营中华烟草公司工作后的第一件大任务：为中国研制最好的卷烟。这是一项由中央直接布置下来的任务，交由华东工业部落实，最后，这个任务交给了国营中华烟草公司，王承翰是厂务科科长，主管卷烟生产，相当于烟厂的总工程师，毫无疑问，这项工作具体就由他来牵头。朱尊权负责烟叶配方攻关工作以及制定生产工艺和原辅材料标准。丁瑞康因为对市面上的烟叶质量比较熟悉，所以也参加了进来。

这项任务中的"最好"两个字分量相当重，这表示要从零开始，创立一个目前市场上不存在的卷烟品牌，朱尊权感觉到了肩上的压力。

卷烟看似很简单，烟农生产烟叶后进行初烤，烟厂从烟农那里购买烟叶，然后进入车间复烤、切丝、制成卷烟，包装销售，其实内在门道相当多。多年前一直困扰朱尊权的问题这时又冒了出来：市场上的烟草产品品种繁多，为什么风格各异、价格不一？消费者以什么标准来衡量烟草质量的好坏？不过，此时的他心中已经有了答案。

卷烟的香味主要由烟叶燃烧而产生，不同产地、不同种类的烟叶，甚至同一株烟苗上不同部位的烟叶所产生的香味都是有区别的。在卷烟生产过程中添加烟草薄片以改变卷烟风味的做法，此时还不存在。要生产出口味协调、风格一致的卷烟产品，必须要对不同产地、不同类型的烟叶非常熟悉，这是研制卷烟叶组配方的第一关。

经过英美烟草公司数十年在中国的推广，中国市场已经被成功地培育成烤烟型消费市场。不仅市面上销售的主要产品是烤烟，而且中国的主要烟叶种植区绝大部分也以烤烟为主。新的卷烟基本上就确定为烤烟了。

中华烟厂的仓库里储存了不少类型迥异、质量不同的烟叶。朱尊权和丁瑞康把这些烟叶取样拿到办公室，经切丝处理后在小型卷烟设备上加工成样品烟，作上产地、等级等标记，然后进行评吸，各自记下吸食感受，以便于他们分辨各种烟叶的不同风味。

办公室很简陋,没有实验仪器和各种设备来检测卷烟的生化指标并据此来确定烟叶的好坏,所以对朱尊权和同事们来说,唯一的评判标准就是感官,这就首先需要确定一整套判断烟叶好坏的感官标准。这个标准必须通过广泛、大量的烟叶评吸工作才能确定出来,并在头脑中形成一个资料库。

吸烟,对普通的卷烟消费者来说是件很享受的事情,食指和中指之间夹上一支卷烟,点着,放到两唇之间慢慢吸食,再慢慢把烟从鼻腔、口腔中吐出,是件最惬意不过的事情了,但是对此时的朱尊权来说,这种感觉却荡然无存。市面上销售的卷烟基本上都是已经由技术人员调配过烟叶配比的,有较好的味道。朱尊权必须评吸各种单料烟,这样才能清楚地了解各种烟叶燃烧后产生的香气和香味,而单料烟有时会含有杂气和各种刺激性气味,并不能给评吸者带来美好的感受。

此外,朱尊权每天要吸的烟实在是太多了,必须不停地吸,而且是带着沉重的任务。吸食到一定量之后,舌头的味觉已经麻木,鼻腔对香气的感受也不再敏感,工作只得停止。这时朱尊权喜欢泡上一大杯茶,喝上一大口,让茶水洗涤口腔,一方面润润发干的喉咙,一方面缓解口腔的味觉。这形成了朱尊权的一种爱好,烟不离茶,茶不离烟。

既然是要生产国内最好的卷烟,那么最重要的问题就是卷烟成品的品质、香气等因素,而不是生产原料。接到上级任务半年之后,他和同事们最终确定了卷烟的配方,以美国 AAB 级烟叶为主,开始小规模地试制生产。新生产出来的卷烟清香怡人,香味非常协调,他们信心百倍地将这批成果交给了华东工业部。

华东工业部非常重视这项工作,时任部长的汪道涵亲自将样品送到了北京,请中央领导同志试吸,领导们的反映非常好。华东工业部将意见反馈给国营中华烟草公司,要求立即按此标准生产卷烟。

既然要正式生产,那么这种卷烟必须有一个正式的名字。有人提议,由中华烟草公司研制出来的国内最好的卷烟,名字应该顺理成章地叫中华牌,这个名字没什么争议,大家一致通过。名字定好之后,中华烟草公司委托华商广告公司负责代理,花 100 元人民币在《解放日报》上征集商标图案。广告刊出后得到了广泛响应，收到许多投稿，经过广泛征求意见，最终决定采用华东美协秘书长设计的商标。商标的正面是天安门城楼，深红色的全底加上了五颗金色的五角星，两旁是两个华表，下面有金水桥相连结，上部正中间印着中华牌卷烟几个大字；商标的背面是一个有底座的大华表，中间也印有中华牌卷烟几个字。

1951年，新中国第一款高级烟中华牌诞生了，生产任务由中华烟草公司设备最先进的二厂承担，在其中最高档的中华甲型号中，美国产的高档烟叶所占比例达到60%以上。中华牌卷烟成为新中国成立以后首款由国人自行研制的高档卷烟，主要为中央领导专供、国务宴请、接待高级外宾等任务所用，彻底改变了以前这些场合必须使用外国卷烟的历史。中华烟的定价稍低于当时的高档烟白锡包，但品质却比它更好。

中华牌卷烟是新中国烟草史上的一个传奇，它创造了若干个第一。长久以来作为特供品的中华烟是身份和地位的象征，早已成为家喻户晓的品牌。1988年，中国烟草总公司决定放开13种名烟价格，其中便包括中华牌卷烟，上市当天立即受到消费者的狂热追捧，价格一涨再涨。2011年3月，中华烟正式诞生60年之际，其品牌所有者上海烟草总公司为中华烟提出的目标是"百万千亿"，即中华牌卷烟的年销售量达到100万箱，年销售额达到1000亿元。2011年3月23日，"中华"品牌"突出贡献奖"颁奖典礼第一站来到郑州，为感谢朱尊权对中华品牌的贡献，上海烟草总公司总经理施超为他颁发了一枚按1∶1比例由纯金打造的一包中华牌卷烟。

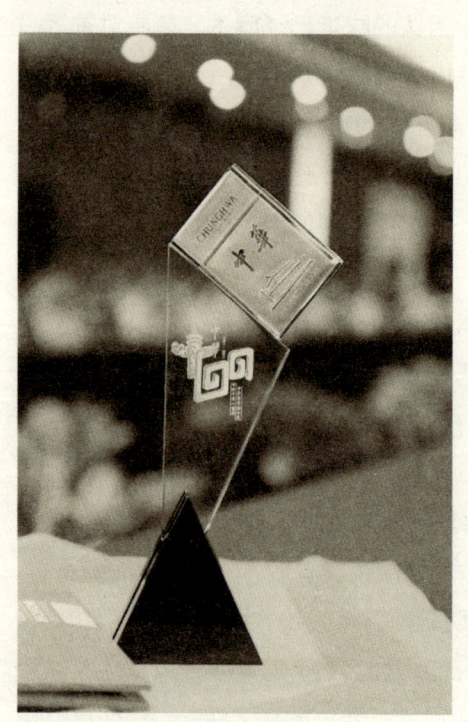

图5–3 上海烟草集团公司赠送给朱尊权的金"中华"

烤烟香型理论

在中华牌卷烟的研制过程中，对朱尊权来说，不仅要评吸各种烟叶，更重要的任务是找出各种烟叶的香味特点。在尝遍能找到的各种烟叶之后，他对烤烟烟叶香型的划分理论逐渐形成。

在需要指导卷烟烟叶配方的情况下，烟叶香型必须要简单，如果过于复杂，掌握起来比较困难，在实际工作中也难以运用。所以朱尊权在细细地品尝来自全国各地的各种品质的烟叶之后，提出了烟叶的三种香型标准。

一是浓香型，这种烤烟的产地是河南许昌，烟叶具有浓郁的烤烟香味（flavor）；二是清香型，其烤烟香味不甚浓郁，但具有令人喜爱的香气（aroma），可丰富卷烟香味，主要产区是云南、福建永定一带；三是中间型，如山东、贵州烟叶，香味介于二者之间，既有一定烤烟香气，又具有一定优良和不良香气。关于香味和香气，朱尊权有不同的理解。在他看来，烤烟需要着重考虑香气，吸食烤烟对喉部冲击力小，讲究入喉和醇、余味舒适，吸入之后在鼻腔留下怡人的香气。香味通常为混合型卷烟所看重，吸食这种卷烟的时候对喉部有一定的冲击感，吸食者重在体会口腔，特别是与鼻腔接近部位的香味感受，但鼻腔的香气感不多，要求避免对鼻腔的刺激，口感丰满，余味舒适。

将三种香型确定并区分开来之后，便可根据卷烟产品的香味要求组织不同产地和品质的烟叶进行配比。遵照多品种、多地区烟叶的配方原则，以三种香型的烟叶调剂卷烟香气，再以不同部位、不同品质的烟叶调剂烟碱含量，控制生理强度和吸味，以求形成适合消费者的卷烟品牌。

20世纪40年代，由于外国烟叶普遍来说品质较高，所以当时烟叶的进口相当盛行，各大烟厂均购买进口烟叶，主要是美国生产的烟叶，用于生产高档卷烟。英美颐中烟公司更是如此，在烟厂库存了大量进口烟叶。经过评吸进口烟叶和国内生产的烟叶之后，朱尊权更加坚定了一个认识：

当前国内生产的烟叶质量仍然不如进口烟叶。美国进口的高级烤烟烟叶，不仅烤烟香味浓郁，而且带有怡人的清香。国内这种烟叶不多见，要想达到同样的效果，必须用浓香型和清香型的烟叶配比，但经过配比之后的烟叶，香味和香气往往又变淡了。

中华牌卷烟的主体香型为清香，辅以浓香和中间香型的烟叶经精心调配而成，其中有60%以上的原料是美国AAB级的优质烟叶。但是朱尊权的心里非常清楚，利用外国烟叶生产中华牌卷烟并非长久之计，毕竟进口烟叶的库存有限，一旦库存烟叶或者烟叶的进口渠道出了问题，中华牌卷烟的质量又该如何保证？

朱尊权继续不断地评吸各种烟叶，逐步寻找中国和美国烟叶之间的对应关系，他所提出的烤烟香型划分理论在这个过程中日趋完善。烤烟香型的划分是新中国烟草配方工艺的新理念，不仅为中华牌卷烟的研制提供了理论基础，也对规范其他烟厂的卷烟配方起到了关键作用。这种划分理论的作用是长久的。1955—1957年朱尊权连续组织召开了三期全国烟草技术干部培训班，将这种理论教授给所有学员，而学员们来自全国各地烟厂，故此理论对指导我国卷烟配方起到了巨大作用，同时也对各地烟叶生产起到了重要指导作用。

机 构 调 整

上海的烟草工业格局也发生了变化。政府对烟厂采取的第一步政策主要是接管、监管或代管。比如1949年5月31日，上海市军事管制委员会接管中华烟草公司及其下属三家卷烟厂、三个仓库和一家机械修理厂，6月24日对南洋烟草公司实行监管，同年10月对鲁信烟厂实行代管。

新中国成立初期的卷烟业是多头管理，烟叶生产由农业部门管，烟叶收售由商业供销社管，卷烟厂只能管卷烟生产。三个部门间存在着一定的矛盾，工业原料的需求很难保障。当时的国营烟厂主要是上海没收官僚资产组成的国营中华烟草公司,后来南洋兄弟烟草公司公私合营兼管,其他大小烟厂仍为私营。

这个阶段,外资烟草公司的情况也发生了变化。1950年,第一任食品工业部部长杨立三给毛主席写了一封信,主要谈及关于改进卷烟质量的问题,后来毛泽东主席在信上批示,要求"所有党政人员一律不要用外国及外商的纸烟,亦最好不吸私营纸烟。"这样一来,外资烟厂和私营烟厂的压力就相当大了。

一方面,国营中华烟草公司在市场上与外资烟厂特别是英美颐中烟草股份有限公司竞争;另一方面,工会的工作也让外商烟厂支持不住了,工会要求烟厂给工人加工资,销售上又存在抵制情绪。到1951年底,英美颐中烟草股份有限公司看到当前形势下牟利已经相当困难,就提出将自有烟厂转让给中国的请求。

1951年12月26日,政务院批准接受颐中烟草股份有限公司的转让要求,1952年2月专门成立了上海烟草公司筹备处,统一领导承让工作。整个过程需要谈判,4月2日,在经过24天的谈判之后,上海烟草公司筹备处与颐中烟草股份有限公司达成转让与承让协议。次日,华东工业部上海烟草公司成立,接办颐中烟公司,厂房、设备和人员都接收下来。厂名作了相应更改,原来的颐中烟二厂改为上海卷烟一厂,原来的颐中烟三厂改为上海卷烟二厂,原来的花旗烟厂改为上海卷烟三厂,这样就都整合到一个公司里面。1953年1月1日,中华烟草公司合并进来,共同组建成为国营上海烟草公司。

原颐中烟三厂的设备最为先进,在整合到国营上海烟草公司之后,成为上海卷烟二厂,此时生产中华烟的任务就转到这里进行。

上海烟草公司和中华烟草公司整合之后,朱尊权所在的工作单位也发生了变化。上海烟草公司成立了技术研究室,他到这里担任副主任职务,主任为陈宪祥。原颐中烟公司有一个化学研究室,主要是解决颐中烟生产过程中与化学相关的技术困难,比如与胶水、香料等有关的问题。在上海烟草公司技术研究室成立之后,将其全盘接收,技术人员也都合并到一起,燕京大学毕业生张泳泉便是从颐中烟公司化学研究室转过来的。技术研究室成立之后,引进了一批年轻科研人员,主要以化学研究

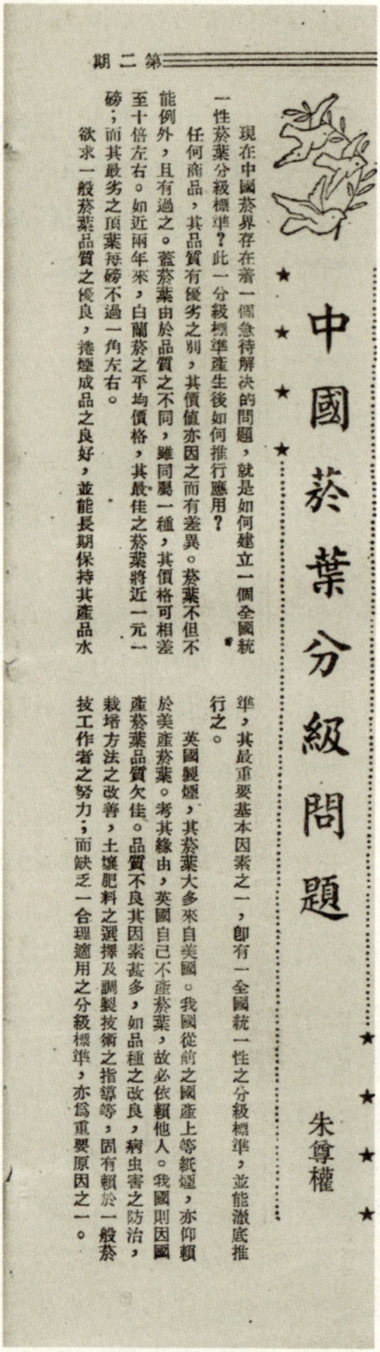

第二期

中國菸葉分級問題

朱尊權

現在中國菸界存在着一個急待解決的問題，就是如何建立一個全國統一性菸葉分級標準？此一分級標準產生後如何推行應用？

任何商品，其品質有優劣之別，其價值亦因之而有差異。菸葉不但不能例外，且有過之。蓋菸葉由於品質之不同，雖同屬一種，其價格可相差至十倍左右。如近兩年來，白蘭菸之平均價格，其最佳之菸葉將近一元一磅；而其最劣之頂葉每磅不過一角左右。

欲求一般菸葉品質之優良，捲煙成品之良好，並能長期保持其產品水準，其最重要基本因素之一，即有一全國統一性之分級標準，並能澈底推行之。

英國製煙，其菸葉大多來自美國。我國從前之國產上等紙煙，亦仰賴於美產菸葉。考其緣由，英國自己不產菸葉，故必依賴他人。我國則因國產菸葉品質欠佳。品質不良其因素甚多，如品種之改良，病虫害之防治，栽培方法之改善，土壤肥料之選擇及調製技術之指導等，固有賴於一般菸技工作者之努力；而缺乏一合理適用之分級標準，亦為重要原因之一。

图 5–4　朱尊权发表在《中华烟草》月刊第三卷第二期上的论文

背景的居多。曾在颐中烟公司主管烟叶质量和配方的乐宗韶此时也加入到中华牌卷烟的研究团队，和朱尊权一起掌握中华烟的配方。

国营上海烟草公司技术研究室便是如今中国烟草总公司郑州烟草研究院的前身。自 1952 年朱尊权进入研究室后，尽管研究室经历了迁址和多次更名，但他一直在这里，从一位 30 出头的有志青年到愈 90 高龄的白发老人，兢兢业业地从事烟草相关研究，几乎遍及烟草农业和工业的所有领域，并一直持续到现在，即使是在受到迫害、对他来说最困难的十年里，朱尊权也始终未改初衷。

十六级烤烟分级标准

在研制中华牌卷烟配方的同时，朱尊权还承担了若干其他的研究任务。

1950 年 7 月 10 日出版的《中华烟草》月刊第三卷第二期华东卷烟工业会报特辑上，刊登了刚刚回国的朱尊权撰写的《中国烟叶分级问题》。在这篇文章中，他介绍了美国的烟叶分级系统，重点从烟叶分级的重要性入手提出了中国烟叶分级的可行性和重要性，同时也指出了分级问题的难点。

朱尊权清楚地认识到烟叶分级在整个烟草行业中的作用。在新中国成立之前，国内没有明确的烤烟分级标准，默认的分级标准掌握在外国烟厂手中，作为他们在收购国内烟叶时向烟农压价的手段。新中国成立之后，有些烟叶生产大省自行制定烤烟分级标准，比如山东省有十九级的分级标准，河南省有九级的分级标准，安徽省有五级的分级标准。国内的分级系统尚未统一，基本上以颜色为主，忽略了烟叶在烟株上的生长部位。这样一来，来自全国各地的烟叶被收购到烟厂之后，质量良莠不齐，非常混乱，给卷烟配方造成很大困扰，也给卷烟生产造成了一定的困难。

朱尊权开始呼吁在我国建立带有自己特色的烟叶统一分级标准。他在美国所学的烟叶分级体系发挥了一定的作用，然而，他在肯塔基州立大学学习时所参加的培训班，主要是针对白肋烟分级，而国内目前的烟叶生产以烤烟为主。好在华东工业部的领导很快认识到建立烟叶分级标准的重要性，他们要求朱尊权牵头组织研究人员尽快确定分级标准。1950年夏秋之际，朱尊权开始奔赴不同的烟叶产区实地考察，特别是在山东主要产烟区实地了解了我国烟草种植和初加工的详细过程，为烟叶分级标准的制定提供了参考。

在1950年第三卷第十一期的《中华烟草》上刊登了他和丁瑞康联合署名的文章《中国烤烟分级标准拟议》，同期还刊登了他撰写的探讨性文章《关于烟叶分级中的绑把问题》。在这份长达9页的《中国烤烟分级标准拟议》中，他已经比较系统地确定了我国烟叶分级标准。

在国家标准局的支持下，朱尊权组织烟叶生产、加工、销售等各环节的专业人员以及卷烟生产企业的技术人员多次认真研讨。1952年，朱尊权经过组织研究制定了适用于全国烟区的十六级烤烟标准（表1）。

在十六级烤烟分级标准中，朱尊权先按照烟叶在烟株上的生长部位以及烟叶的颜色来分等，继而在此基础上再进行分级。他先简单地将烟叶分为上部叶和中下部叶，其中上部叶又称赤黄叶，包括烟株上的上二棚和顶叶，叶片的数量大概占烟株的40%，叶身较厚，燃烧性较弱，组织紧密，尼古丁含量高；中下部叶又称金黄叶，包括腰叶、下二棚及一部分脚叶，叶片数量占烟株的 60% 左右，这部分叶片颜色金黄，组织适中，油分较多。上部叶又分为五级，中下部叶又分为七级，另外还有青黄叶分为四级。

表 1　朱尊权主持制定的烤烟十六级分级标准

等级		部位	颜色	品　　质				
				光泽	油分弹性	厚度	组织	损伤度
中下部金黄烟	一级	腰叶	金黄	鲜明纯净	富有	适中	细致	病、虫、雹、机械伤不超过 3%
	二级	腰叶和接近腰叶	金黄正黄	鲜明微差	有	尚适中	尚细致	病、虫、雹、机械伤不超过 6% 但不允许糊尖
	三级	腰叶、下二棚	金黄正黄	较差微淡	尚有	微薄	微差	病、虫、雹、机械伤不超过 10% 稍带红黑小尖
	四级	下二棚	淡黄	较差略暗	较差	略薄	略差	病、虫、雹、机械伤不超过 15% 稍有花片
	五级	下二棚、脚叶	土黄	较差带暗	差	较薄	较差	病、虫、雹、机械伤不超过 20% 有花片
	六级	脚叶	土黄	暗	少	薄	差	病、虫、雹、机械伤不超过 25% 有花片
	七级	脚叶	土黄	暗	很少	很薄	很差	病、虫、雹、机械伤不超过 30% 多花片
上部赤黄烟	一级	上二棚	深黄	较差微淡	有	微薄	微差	病、虫、雹、机械伤不超过 6% 稍带黑红小尖
	二级	上二棚	老黄	较差略暗	尚有微带腊质	略厚	略差	病、虫、雹、机械伤不超过 10% 稍有花片
	三级	顶叶	红黄	较差带暗	较差略带腊质	较厚	较差	病、虫、雹、机械伤不超过 15% 有花片
	四级	顶叶	棕黄	暗	差带腊质	厚	差	病、虫、雹、机械伤不超过 20% 有花片
	五级	顶叶	棕黄带褐	暗	少腊质多	很厚	粗糙	病、虫、雹、机械伤不超过 25% 多花片
青黄烟	一级	腰叶、上下二棚	黄青	较差略暗	较差	—	较差	病、虫、雹、机械伤不超过 15%
	二级	上下二棚	青黄	较差带暗	差	—	—	病、虫、雹、机械伤不超过 20%
	三级	上下二棚、顶脚叶	青色微带黄	暗	很少	—	—	病、虫、雹、机械伤不超过 25%
	四级	顶脚叶	除死青	—	—	—	—	病、虫、雹、机械伤不超过 30%

十六级烤烟标准简单合理，易于掌握，具有可操作性，通过了国家标准局的验收，并很快在华东区所属的山东、安徽等省实行，第二年迅速推广到全国。

就在研制中华烟和制定烤烟分级标准的同时，一个非常现实的问题开始困扰国内整个烟草行业，那就是国内的烟叶缺乏势头逐渐显现。

烟叶缺乏

新中国成立之前，国内烟厂都会或多或少地进口外国烟叶，市面上销售的好烟主要成分都是外国烟叶。特别是做上等烟，外国烟叶的含量超过80%以上，国产优质烟叶只作补充之用。做中等卷烟，许昌和青州的烟叶加的稍微多一点。国内各个地方烟厂主要以生产低档烟为主，所以很少用到进口烟叶，主要都是使用当地生产的烟叶。

为了维持卷烟生产，各个烟厂的仓库都储存有一定量的进口烟叶，特别是南洋兄弟烟草公司、华成烟厂、华美烟厂等一些大的烟厂，颐中烟公司的库存更大，基本上能够保证两三年之用。另外上海也有专门进口烟叶的商人，为国内一些没有能力自行到国外购买烟叶的小烟厂供货，他们的仓库也有不少存货。新中国成立之后，首先是烟叶进口商受到冲击，因为进口需要外汇，当时的外汇非常紧张，所以烟叶进口这条渠道首先遭到冲击。另外，国内除几个烟叶大产区继续生产烟叶之外，其他地区的烟叶种植不受重视，以粮为纲的政策也让烟叶生产受到一定程度的压制，这样一来，市场上供应的烟叶就开始稀缺起来。

当烟叶缺乏问题刚显露出来的时候，主要缺的是品质较好的烟叶。这类烟叶最主要的渠道是从美国进口，另外就是由国内大的烟叶产区如河南许昌、山东青州等地生产的，但这一部分优质烟叶的产量有限。

对成品烟来说，首先影响到的是高档烟，比如中华牌卷烟。在最早的中华烟配方中，超过60%是进口烟叶，其他部分用河南许昌和山东青州等地的优质烟叶做补充,国内另一主要产区安徽的烟叶品质一直无法提升,所以很少用到高档烟的配方中。

随着中华牌卷烟的产量逐渐扩大,对高档烟叶的需求也越来越大,很快,上海的进口烟叶库存出现了问题,这就迫使朱尊权想办法调整中华烟的配方,减少对进口烟叶的依赖,逐渐增加河南和山东优质烟叶的比例。到了1952年,中华牌卷烟中的进口烟叶比例已经由开始的60%降到45%,相应的,河南和山东产的烟叶比重上升到55%,但即便这样,在无法解决烟叶进口问题的情况下,对保证中华烟的品质也只是权宜之计。在情况最困难的时候,甚至连进口烟叶的烟梗都用上了。

缺乏好烟叶自然会影响成烟的质量。1953年,毛泽东主席有一次提出中华烟的品质比前两年有所下降,立即受到周恩来总理的重视,中央下令由轻工业部组织工作组到厂检查。检查组由食品工业局局长肖桂昌牵头,成员包括轻工业部、全国总工会、上海市轻工业工会的相关领导。检查结果毫无悬念,中华烟品质下降的直接原因就是优质烟叶的缺乏。在检查结束时,工作组对中华烟的生产作出了两条严格的规定,一是要求中华卷烟的烟叶原料必须经过挑选,确定的烟叶配方厂里无权变动,如需变动,需报食品工业局审批;二是生产中华卷烟的每一道工序都要建立严格的工艺标准,不准随意改动。

但是烟叶进口问题一时之间还是无法解决,如何在缺乏进口高档烟叶的情况下,使中华牌卷烟保持良好品质?朱尊权针对这个问题提出了三点解决方案:第一,叶组配方提高许昌、青州用叶的等级,悉心挑选出优质烟叶;第二,叶组配方中退出部分烟梗,以加强卷烟的香味,并可改进卷烟的颜色和减少白点;第三,在加用香料的同时,注意使烟叶本身优良香气尽量发挥。

朱尊权提出的改进配方工作方案上报给轻工业部食品工业局并得到认可。技术人员从来自许昌和青州的烟叶中由以前的按包挑选改为按叶挑选,把一包包烟叶拆开,一片一片地剔除较次的叶片,用这种办法来提高许昌和青州烟叶的等级。与此同时,中央要求全国各地烟叶均需送样品至上海,供中华烟配方组评吸选用。在这个过程中,朱尊权有了接触全国各地烟叶的机会，在评吸之后对各种烟叶的品质和风格有了更深入的了解。

经过配方改进，中华烟的品质得到了恢复。同时，工作组的严格要求也是中华烟的品质得以长期保持的基础。

就在中华烟等高档卷烟碰到原料短缺问题的同时，中低档卷烟也逐渐面临同样的问题。

烟厂在收购烟叶之后，必须要将烟叶在适当的环境中放置一段时间才能用于卷烟的生产，这个过程叫做烟叶的醇化，通常需要两三年的时间。一般而言，烟叶质量主要包括烟叶外观质量、物理特性、化学成分及感官质量四个指标，在经过自然醇化之后，烟叶的这些指标都会发生变化，得到不同程度的改善和提高。具体表现有：烟叶颜色加深并均匀一致，香气显露，青杂气减轻，吃味醇和，刺激性减小，烟叶的燃烧性得到改善，韧性和弹性也有所增强。

除了烟厂自己存放的自然醇化烟叶之外，河南和山东的大型烟叶烤场也都存有醇化好的烟叶，装在桶里直接销售给烟厂供当年生产之用。在市面上的烟叶生产量逐渐减少之后，卷烟的需求量并未减少，因此烟厂和烤场经过自然醇化之后的烟叶消耗得非常快，没过多久，烟叶供应和生产之间就发生了断档。

当时市场上的卷烟凭票供应，当烟叶缺乏到一定程度时，消费者们拿着烟票也买不到烟。这种现象在50年代初期的烟厂非常普遍，而且原料短缺问题在短期内看不到任何有效的可行的解决办法。

朱尊权产生了一个大胆的想法：加快烟叶的醇化过程。这样，当年生产出来的新烟叶就能够用于卷烟生产，在一定程度上可以缓解市场上的卷烟供应问题。在他看来，烟叶的自然醇化在某种程度上其实就相当于发酵过程。在中央大学临近毕业时，他在金善宝教授的安排下和同学们各自奔赴四川各地调研烟叶的时候，发现当地烟农进行的糊米水加工雪茄烟的做法就可以算是一种比较原始的催化发酵。

在当时国内，烟叶都是放置在特定的环境下自然醇化，从来没有烟厂试验过人工发酵，但是这次朱尊权和同事们准备试一试。在尝试之前他们曾经看到过资料，介绍苏联曾有人试验过利用人工创造的适宜温度和湿度使烟叶发酵。资料介绍说经过人工发酵的烟叶，外观有显著的改善，色泽变得均匀，香气、燃烧性和吃味也有所提高，烟叶的物理性质发生变化，组织弹性增强，持水性降低，同时防止微生物感染的抵抗力也有所提高。但是苏联主要是做香料烟的发酵，而国内的烟叶基本上都是烤烟。苏联的烟叶人工发酵所用的原料不一样，发酵过程也不一样，因此对急需解决面临的实际问题的朱尊权来说，苏联的经验并没有很多参考性。

朱尊权和同事们在中华烟草公司的二厂开始进行烟叶人工发酵试验。既然要进行人工发酵，那么首先就必须有能够控制温度和湿度的条件。当时烟厂的条件非常有限，没有专门的车间可供使用，朱尊权和同事们只能自己动手。在烟厂里，朱尊权发现了一个长久未被使用的废旧电梯间，如果加以改造，应该可以在里面形成与外界完全不同的温湿度条件。

与朱尊权一起工作的机电工程师韩育东开始按照朱尊权的设想对电梯间进行改造，将其改造成了一个能够控制湿度、温度和时间的小型发酵室，烟叶的人工发酵试验就在这里进行。在发酵室的正中间放置着一个架子，烟叶就放在架子上，一次试验可以放置两包烟叶。一包烟叶的重量通常在100公斤左右，所以每次进行人工发酵的烟叶重量大概是200公斤。

把烟叶堆放到发酵室之后，朱尊权开始设置室内的温度、湿度，同时也对烟叶的含水量进行了控制。其实，整个发酵的过程并不复杂，主要是让烟叶经历三个阶段，先是将其升温，然后保湿、发酵，再降温后把烟叶拿出来。这个过程在进行试验之前，朱尊权已经完全设想好了。

烟叶人工发酵成功与否，也就是这个过程的主要难度在于一方面必须要使醇化过程加快，否则仍然无法解决陈烟短缺的问题，人工发酵就没有意义；另一方面要把有些指标把握好，比如要保持好的香气。如果说发酵后，烟叶的香气没有了，就表示人工发酵过程是失败的；还有，烟叶的颜色也要保持好，不能太深，同时还要减少生青气、杂气和刺激性的气味，能把这些都控制好才能说明发酵是成功的。

1951年秋天，朱尊权在了解到部分烟厂的烟叶短缺情况时，就开始酝酿进行人工催化试验，经过一段时间的准备工作后才开始正式实施。朱尊权和同事们夜以继日地反复调试各种发酵参数，经过半年的试验，第一批人工催化的烟叶被拿出发酵室。从外表看，烟叶的颜色发生了良好的改变，颜色加深、色泽均匀，与自然醇化的烟叶不相上下。但更关键的指标在于烟叶燃烧产生的香味和香气能否达到要求。

在人工发酵试验中，朱尊权提出了七项指标用以判断发酵的成败：颜色、光泽、香气、生青气、杂气、刺激性和烟味。颜色和光泽可以通过外在观察来判断，已经达到了预期目标，其他的香气、生青气、杂气、刺激性和烟味五类指标则需要通过评吸做出判断。

经过评吸，朱尊权和同事们放心了，所有的指标都在朝着好的方向发展：香气增加了，生青气和杂气有所减少，刺激性气味减少，烟味也变得醇和饱满。但是，这些指标与经过两三年自然醇化的烟叶相比还是有所欠缺。朱尊权又想到一个办法，毕竟各烟厂还存有少量已经醇化过的陈烟，如果将这些陈烟和人工发酵的烟叶按照一定比例进行配比，也许能够生产出令人满意的卷烟。

朱尊权把人工发酵的烟叶和自然醇化的烟叶掺在一起做成了卷烟，找来一些技术人员，与全部采用自然醇化烟叶制成的卷烟进行对比评吸，结果令人满意，人工发酵的烟叶可以按较大比例掺入使用。

经过多次对比评吸之后，朱尊权对烟叶人工发酵的试验过程进行了总结：全套发酵过程采用高温发酵，主要发酵温度保持在50℃，在升温阶段，发酵室内的相对湿度控制在40%—50%；保温阶段，发酵室内相对湿度为50%—60%；降温阶段，发酵室内的相对湿度保持在70%—75%，根据烟叶的品种、成熟度和特性，发酵的全部过程有所不同，最短只需12天，最多需要25天，就能达到比较满意的醇化效果。

烟厂得知试验结果之后，决定开始应用这项技术，1954年2月7日，上海烟草公司二厂发酵室启动。10月22日，上海烟草公司一厂发酵室启动。到1954年底，两家烟厂共发酵19万包烟叶，共计1590万公斤，基本上解决了上海烟草公司各烟厂中等以下的卷烟原料问题，部分解决了中上等烟的原料问题。

烟叶人工发酵技术很快得到了轻工业部的重视，因为这是一项能切实解决烟企实际问题的应用技术。1954年，轻工业部牵头组织召开了烤烟人工发酵推广应用会。在轻工业部的部署下，这项技术很快在全国各地的烟厂推广开来。

但是，烟叶人工发酵技术主要解决的是陈烟缺乏的问题，并不能增加每年新烟叶的供应量，卷烟的市场需求量和烟叶供应量之间的缺口仍然存在。自50年代中期开始，每年能够生产出来的烟叶量不仅没有增加，反而更少了，这个缺口也就越来越大。

必须从根源上彻底解决问题才行，朱尊权开始考虑通过其他的途径来增加烟叶产量。福建省永定县的烟叶生产给了他启示。

永定县是革命老区，也是历史悠久的产烟区。根据过去生产晒烟的习惯，烟农通常会比较早地对烟株打顶，因为该地区地处华南，湿润而温暖，气候条件非常好，把烟株的顶掐掉之后，又会往外冒出个杈来，多长出几片烟叶，当地的烟农称这几片新长出来的烟叶为二代烟。有的烟株甚至在二代打掉之后，还会冒新杈出来再长几片叶子，叫做三代烟。打去较弱的苴，追施一点肥料，当地气候能催生一些品质尚可的烟叶。

朱尊权迅速将这种生产二茬烟的做法向烟农推广。然而他发现，二茬烟的生长与气候有一定关系。也就是说，当烟叶成熟之后，二茬烟也要有一段时间的生长期，这时的气候必须能保证二茬烟的生长。要有两个月的生长期才可以满足二茬烟的生长。如果海拔太高，或者气温太低，就不适合长二茬烟了。在北方烟区或者高海拔烟区，二茬烟就很难推广。

同时朱尊权也仔细研究了二茬烟的质量，发现与正常生长的烟叶相比，二茬烟因为生长周期短，品质的确要稍差一些。但在烟叶数量极为缺乏的时候，能补充一点是一点，对二茬烟的质量也就不能过于苛求。后来，河南的烟农发明了一种叫做"环状剥皮"的方法，使二茬烟的质量得以大幅提高。这种做法是在烟株留杈的时候，在想留的杈的上面把外面一层韧皮剥掉，使养分上不去，烟叶会从已留杈的下面发芽长出来，下面的养分相对来说就比较充足了，所以烟叶质量得到提高。

朱尊权和同事们奔赴南方主要的大烟区向烟农推广二茬烟的做法，同时在生产技术上给烟农提供一些指导，改进生产过程，提升二茬烟的质量。在供销合作社的积极支持和推广下，二茬烟的生产逐渐扩展到相当大的范围。

在推广二茬烟的时候，朱尊权又考虑到，除了二茬烟，也可以有条件地推广冬烟。冬天，许多地方的粮食已经收了，田地闲置，利用这个空闲的地方，如果能再长一季烟，也势必能够提高烟叶的供应量。但是，生产冬烟需要的时间比较长，如果想让烟叶生长得好一点，需要110—120天才行，而且对气候的要求更高。所以朱尊权主要考虑在南方有条件的地区推广冬烟，广东的南部、广西博白一带，朱尊权都亲自去推广过，进行技术指导，他也派技术人员常驻到那些烟区帮助解决一些实际问题。

推广二茬烟和冬烟都与气候有着密切的关系，所以主要都在南方和中部地区一带开展。尽管质量和增产的量都有限，但却实实在在地增加了烟叶供应量，在一定程度上缓解了烟叶缺乏问题。

烟叶缺乏问题在整个20世纪50年代和60年代初期一直困扰着国内的烟草行业。烟厂缺少烟叶，但市场的卷烟需求量还在不断攀升。特别是到三年自然灾害时期，连粮食生产都有问题了，何况烟叶的生产？到1960年左右，烟叶的问题更加突出，即使是在推广了二茬烟和冬烟的情况下，各大烟厂依然无法完成卷烟生产最基本的量。朱尊权和同事们只好再想别的办法。

烟叶替代品

这次，朱尊权想到的是烟叶替代品。长征时，红军在没有卷烟的时候，用大麻叶子或者其他植物的叶子拿来卷卷，就当卷烟抽了，这些故事给了朱尊权很大启发。年轻的他敢想敢干，决定试试烟叶的替代品，从植物叶子上去考虑。

1957年，上海各烟厂的烟叶原料缺乏问题到了非常紧急的时刻，群众和地方上也不断向上海烟草公司技术研究室建议能否用替代烟叶解决烟叶缺乏问题。在有些面临停产的地方烟厂，甚至已经开始在烟叶中添加替代品了。

但是哪些植物的叶子能当作替代品，哪些不行，这是朱尊权最为关心的问题。他拟定了几个烟叶替代品的标准：第一，烟叶替代品要无害无毒，如果抽了添加替代品的卷烟之后对身体产生了不好的影响，是绝对不行的；第二，烟叶替代品不能有刺激性的气味，必须能够和烟叶一起产生比较协调的气味，如果能够增加一些好的味道就再好不过了；第三，就是原料要容易获得。

在这三个标准之下，朱尊权找到了59种植物叶子，准备依次进行试验。有些烟厂也送来了样品，希望朱尊权能够帮忙试验。对于这些植物叶子，朱尊权和同事们采取的评判标准仍然是评吸。一方面，上海烟草公司技术研究室本身就没有什么实验设备，只有最基本的检测糖、氮、尼古丁的仪器，因为这三项对烟草来说是最基本的检测指标。另一方面，朱尊权和同事们认为，如果符合选用标准的替代品要被加入卷烟中使用，最后能否真正产业化，最根本的标准仍是评吸，只有通过评吸才能最终判断其是否可以满足消费者的需求。

因此，在进行三项基本指标的检测之后，朱尊权开始了替代品的评吸工作，卷烟工艺室的其他同事如丁瑞康、洪承钺、江文伟、李尊鉴等也分别在不同的时期加入到这项工作中来。把样品处理完毕之后，朱尊权和其他技术人员对其进行加工并制成卷烟的样子，开始评吸感觉试验样品燃烧之后产生的烟的味道。如果大家觉得烟味还不错，那么再进一步制作成真正的卷烟，将替代品作为一部分烟叶填充料掺进去，再进行评吸。如果发现某种替代品掺入烟叶里面之后能够起到比较好的作用，至少是没有坏作用，就基本上判断该替代品具有一定的实用性了。如果某样品本身具有特殊的气味，不容易去掉，并且跟烟叶不好调和，那么这种替代品就不能用，在试验过程中就被淘汰了。另外，还有一些植物的叶子，通过查阅资料发现可能会含有对人体有害的物质，试验过程中也就被排除了。

在农村，其实一直有种比较常见的植物叶子被老百姓用来当作烟叶替代品，那就是麻叶。麻叶有自己特殊的味道，其他麻类植物的叶子作为烟叶替代品还不错，但是因为涉及大麻烟这方面的情况，朱尊权和同事们都不提倡使用，所以在试验中也被排除在外。

在对数十种植物叶子进行试验之后，朱尊权最终确定了17种可用的替代品。它们中的绝大部分随后都被各地烟厂添加到卷烟生产中，其中荷叶是应用最为广泛的一种。

荷叶遍及全国各地，产量也很大，很容易获取。但是新鲜的荷叶不能直接使用，在荷叶取下来之后要经过一个储存发酵的过程。虽然荷叶是绿色的，但其储存发酵后常常会变成黑色，味道很差，朱尊权又想办法让荷叶在发酵的过程中变得稍微黄一些，因为荷叶在变黄之后没有什么坏的味道，反而带有一些荷花的清香。在当时，等级很低、质量很差的烟叶通常杂气非常重，相比较而言，品质还不如荷叶。所以，在严重缺乏烟叶的烟厂，朱尊权和同事们提倡使用荷叶做替代品。

荷叶作为烟叶替代品在解决烟叶缺乏问题上发挥了一定的作用。在乙级卷烟中，荷叶所占的比例曾经达到5%，在丙、丁级卷烟配方中占到8%。从1959年第四季度开始到1962年，三年中仅郑州卷烟厂就用了22万公斤荷叶和茭藕叶，增产卷烟36600箱。

烟叶替代品的研究一直持续到研究室迁址郑州之后。在那里，这项工作得到了延续，他们在更大范围内开展了试验工作。

烟叶替代品使用的时间不算很长，淘汰比较早，冬烟和二茬烟实用的时间要稍长一些，直到烟叶原料充足之后才最终被淘汰。60年代，轻工业部提出"食品工业要发展原料"，自那以后，各省都开始重视烟叶的种植和生产。在这样的社会大背景之下，尽管烟叶的品质还比较差，但数量已经提上来了，所以之前为解决烟叶缺乏问题而采取的种种措施被逐渐淘汰。

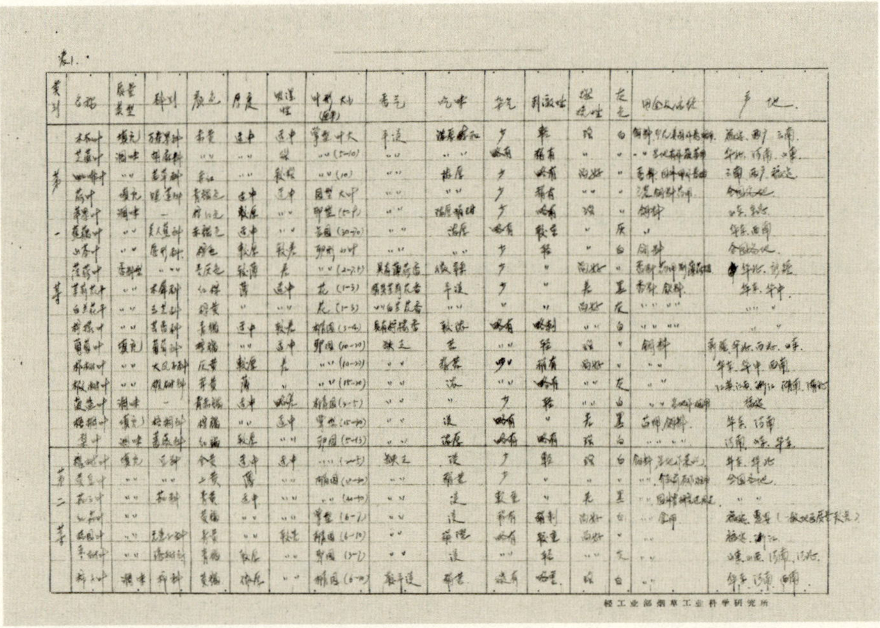

图 5-5　朱尊权等人进行的烟叶替代品试验分级结果

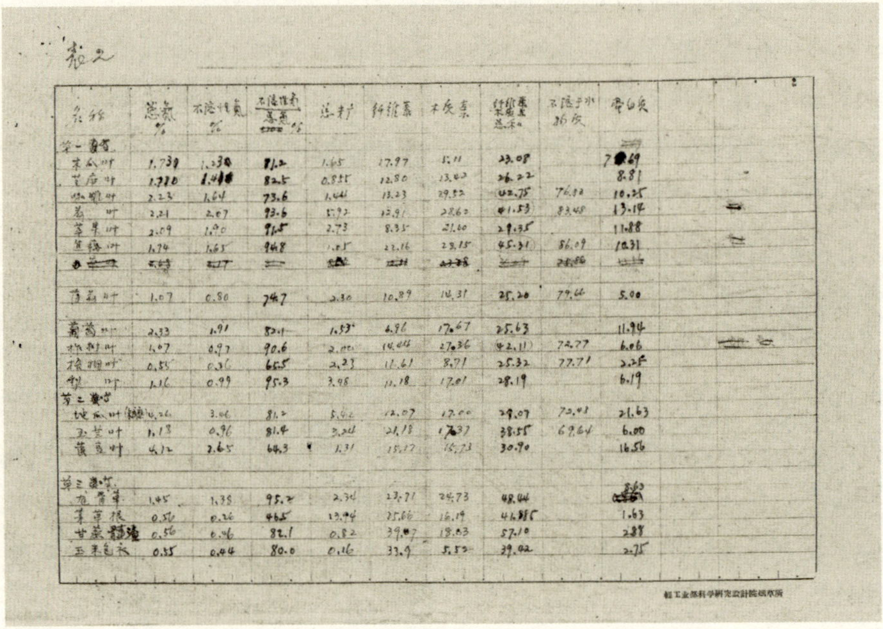

图 5-6　朱尊权等人进行的烟叶替代品试验数据

向组织靠拢

朱尊权回国后不久,在参与研制中华烟配方的时候就写了入党申请书,向组织申请加入中国共产党。他主动找到军代表詹浩生,向他诉说自己入党的愿望。尽管自己的家庭背景比较特殊,父亲曾经担任国民党军队的高级将领,母亲和主要家属也在台湾,但朱尊权一颗向党的心却是忠诚的。詹浩生与他促膝长谈,表示革命不论出身,家庭背景不会影响一个人的革命信仰,中国共产党不会因为家庭出身而将他拒之门外。更何况,朱尊权在美国学有所成之后突破重重阻力回到祖国,为共和国的建设添砖加瓦,这些都是令人称道的。中国共产党非常欢迎像他一样的技术专家加入进来。

詹浩生同样也直言不讳地说出了自己的担忧:加入中国共产党的队伍不是一天两天的事情,一旦加入进来,就要为共产主义事业奋斗终生,党内有严格的组织纪律。朱尊权刚从国外回来,对这些可能了解还不够充分,也可能会不习惯党内的组织生活。在这样的情况下,詹浩生建议朱尊权先加入民盟,过一下组织生活,在民主党派内也可以参政议政,同样是为了建设新中国。过一段时间之后,如果仍然一心向党,再要求加入中国共产党也不迟。

朱尊权接受了詹浩生的建议,并在詹浩生的推荐下加入了民盟。尽管他身在民盟,但加入中国共产党的信念却一直没有磨灭。34年之后,朱尊权终于成为一名中国共产党党员。1984年,朱尊权退休成为研究所名誉所长,也是在这一年,他多年的夙愿终于实现。

轻工业部烟草工业研究室

1954年,在朱尊权带领同事们如火如荼地为解决烟叶缺乏问题而开展工作的时候,他所在的技术研究室归口发生了变化。上海烟草公司技术研究室改为轻工业部烟草工业研究室，办公地点位于原颐中烟草股份有限公司的办公大楼内，在苏州河畔，临近黄浦江，是一栋非常有特色的英式建筑。

朱尊权被任命为研究室的第一副主任，正主任职位空缺。因其政治面貌非中共党员，因此未能被任命为正主任。朱尊权全面主持研究室的工作，研究室的工作性质与以前差别不大，但毕竟归口发生了变化，工作面向的范围也就更加广阔了。

长期以来，朱尊权和研究室的其他同事们都是在致力于解决烟厂和卷烟行业面临的现实问题。他们工作在烟草行业的第一线，对行业生产情况非常了解，烟厂在生产过程中碰到问题时都会去找他们寻求帮助。在归属轻工业部之后，研究室的工作传统仍然继续，只不过以前主要面向华东地区的烟厂，现在则开始面向全国烟厂。

卷烟防潮纸研究

20 世纪 50 年代中期，轻工业部给朱尊权和同事们布置了一项研究任务，这种情况很少见，因为长期以来，朱尊权和研究室的同事们的研究工作都是直接面向烟厂，科研任务都是自下而上，但这次不同，轻工业部直接要求研究室研究解决一项卷烟包装方面的问题。

原因是这样的：新中国成立之后，上海的工业生产逐步恢复，但经过长期的抗战和内战之后，工业的底子较薄，以前用于高档卷烟包装的铝箔纸，虽然生产还在继续，但在产量上并没有太大提升，其他行业比烟草业有着更强烈的对铝箔纸的需求，因此铝箔纸就无法大量运用到卷烟包装上了，只能勉强保证甲级烟的防潮包装。

铝箔纸的防潮性能非常好。我国南方的空气温和湿润，如果没有铝箔纸的保护，卷烟生产出厂后，霉菌会很快在卷烟中生长，烟丝开始发霉、变质，严重影响吸食口感，特别是梅雨季节，卷烟正常储存的时间更短；

而在我国北方，空气非常干燥，卷烟出厂之后，烟丝里的水分很快挥发，燃烧时会产生刺激性气味，影响卷烟吸食口感。轻工业部希望朱尊权尽快找到一种能替代铝箔纸起到卷烟防潮作用且能大量生产的包装纸。这项任务的确紧急，此时烟叶的产量本来就非常有限，如果发生霉变而导致卷烟无法吸食，或者卷烟过于干燥而影响吸食口感，损失是很大的。

朱尊权和同事们再一次利用了之前用于烟叶人工发酵的发酵室，那里可以控制温度和湿度。他在发酵室中模拟了江南一带的气温和湿度，将没有铝箔纸包装的卷烟放置在内，三天后发现卷烟中的含水量由11%上升为18%，这个湿度非常适合霉菌的生长，在一周左右他观察到了明显的霉变痕迹，十天的时候，霉变已经比较严重了。也就是说，如果乙、丙、丁级卷烟没有铝箔纸的包装，那么从卷烟出厂到消费者吸食的时间不能超过十天，否则变质的可能性就很大了。

朱尊权找来了市面上可以找到的各种纸张，包括牛皮纸、蜡纸、道林纸等，分别替代铝箔纸将卷烟包装好，放置到发酵室中，每天观察卷烟烟丝的变化。很快，朱尊权和同事们找到了一种具有较好防潮性能的纸张——柏油纸。柏油纸是一种在两层原纸间涂布沥青黏合而成的加工纸，有较好的防潮性能。柏油纸的原纸是卷筒纸，通常用苇浆、蔗渣浆、草浆等未漂纸浆抄造而成，将沥青加热熔化之后涂抹在底纸上，然后用刮刀刮除多余的沥青，将面纸黏合在沥青上，冷却后即成为柏油纸。这样加工而成的柏油纸，除了防潮性能之外，还有一定的耐折度、耐破度、透气度和耐热度。

用柏油纸作为卷烟防潮的包装纸与铝箔纸起到了几乎相同的防潮性能，于是朱尊权和同事们建议在卷烟包装中推广，条包和小包都使用可以起到相同的作用。然而，众所周知，柏油对人体是有害的，特别是卷烟直接和人的嘴唇接触，久而久之在一定程度上会影响消费者的健康。但是对整个烟草行业来说，这却又是一个不得已的选择。

从50年代中期一直到80年代前期，柏油纸一直在卷烟包装上发挥着作用，直到80年代中期，全国的铝箔纸生产充足，能供应全国烟厂的需要，柏油纸才彻底退出了卷烟防潮包装的舞台。

烟草技术干部培训班

新中国成立之前，国内的烟厂存在一种非常普遍的现象：尽管工厂很大，工人很多，但文化水平普遍较低。只有较大的烟厂才会有少数几位技术人员，比如中华烟草公司、南洋兄弟烟草公司等。外国烟企比如英美烟草公司，主要的研发力量在国外，在中国主要是瞄准了市场营销。这种情况一直持续到新中国成立之后。

20世纪50年代的国内烟企仍然没有什么专业技术人员，数千人的大烟厂连大学生都很少，而且大多数是搞机械、搞财务的，真正从事生产技术的大学生基本没有。

对于烟厂来说，从市场上购买烟叶、在工厂用机械加工成卷烟到市场上销售，这个过程非常简单，但是很少有人思考是否需要改进生产工艺，为什么工艺流程是这样而不是那样，当然也就很少有人钻研如何改进卷烟的质量了。但朱尊权在帮烟厂思考这些问题，这是自他生产多福牌卷烟时就萦绕在头脑中的问题，在赴美留学的学习过程中以及归国从事烟草行业数年的经验中，这个答案已逐渐清晰起来。

朱尊权想组织培训班，邀请各方面的专家授课，将全国各地烟厂的年轻技术骨干召集到一起，系统地把卷烟生产工艺、叶组配方、烟叶评吸等方面的知识教给他们，让他们把技术带回各自烟厂，承担起改进工艺、提升卷烟质量的担子。

1955年，朱尊权的想法得以落实。轻工业部在上海组织开办了第一期全国烟草技术干部培训班，为期一年，由朱尊权主持。全国各地烟厂纷纷选派青年骨干参加培训班，朱尊权亲自讲授烟叶品质鉴定和配方的课程，烟叶生产技术由余茂勋[①]主讲，卷烟的加工过程由王承翰、洪承钺和张逸

[①] 余茂勋，1911年生，1933年毕业于金陵大学农学院，曾在山东、四川烟草改良场做技师。抗战胜利之后出国留学，1945—1946年入美国康奈尔大学进修，回国后曾在国民政府农林部烟草改进处担任副处长。新中国成立后，在华东农业部任工程师。在研究中华牌卷烟的配方和原料问题的时候，华东农业部派出烟草专家余茂勋与朱尊权、丁瑞康等人合作。

宾主讲，烟叶的人工催化发酵由丁瑞康主讲。

全国烟草技术干部培训班自1955年开始，每年举办一期，连续举办三期，为全国各地烟厂培养了大批实用型专业人才，许多人回厂之后很快成为总工级别的技术骨干，在烟厂的工艺改进和技术革新上挑起大梁。改革开放后，朱尊权到各地烟田和烟厂调研考察时，烟厂的负责人或总工几乎都是当年的培训班学员。但是，参加培训班的技术骨干毕竟有限，为了将培训班的内容在更大范围内传播，朱尊权要求授课专家提供讲课内容的讲稿，由他来统稿，准备编撰出版。

书很快就由轻工业出版社正式印刷出版了，书名为《卷烟工艺学》。朱尊权承担了组稿、修改、统稿等大量工作，理应由他担任主编，但是他并没有这么做。或许这就是朱尊权的办事风格，他常常充满亲和力，将同事们聚拢在自己周围，大家齐心协力做好每件事情，而他自己从不争名夺利。正是因为这样的品质，同事们特别愿意和他共事。《卷烟工艺学》的署名问题体现了他一贯的做法：尽管他写的内容最多，编辑过程中付出的心血最多，但他要求凡

图5-7　1957年，《卷烟工艺学》由轻工业出版社出版

是参加撰写的人都应署名，而且作者按照姓氏笔画排序，这样一来，本来由他主持编写的《卷烟工艺学》却由丁瑞康排在第一作者的位置上。但是因为排名的公平性，大家都能心平气和地接受，避免了研究团队内部出现不和谐的情况。

《卷烟工艺学》一上市便得到广泛好评，卷烟行业的从业人员纷纷买来学习，很快就有了第二次印刷。这是中国历史上第一本由国人自主组织编写的卷烟工艺方面的专业书籍。

人工合成尼古丁

朱尊权是一个善于思考的人，他常想着如何在烟草领域做出更有创新性的工作。50年代初期，烟叶严重缺乏，稍好点的烟梗都被加工后添加到卷烟中，但还是有部分质量极差、严重影响卷烟品质的烟叶残品无法被用于卷烟中，但是与烟叶一样，这些残品中也含有大量尼古丁，白白地将它们丢掉是一种浪费。

朱尊权设想，能不能通过一种化学方法将烟叶残品中的尼古丁提取出来，也就是将烟叶残品中的有用成分留下，剩下的废物丢掉。这种想法相当大胆，国内的烟草行业从来没有人做过这方面的实验，国内的化工行业也基本上没有人尝试过。但是国外化学家已有这方面的经验，他从国外的资料中找到了从烟叶中提取尼古丁的方法，并尝试着自己做。

对于提取出来的尼古丁可以应用到哪些行业中，朱尊权自己心里也没谱。但是一旦有了这种设想，他就一心想去实现它。从烟叶残品中提取尼古丁的试验，在经过一段时间的努力之后终于成功了。面对着放在桌上的一小瓶液体，朱尊权激动不已，这就是烟叶中让广大烟民们痴迷的最主要成分。是否能够利用提取出来的尼古丁来调整卷烟的风味？他非常清楚尼古丁的毒性很强，决不能轻易地进行这种试验，但他却想试试以非抽烟的形式摄取尼古丁的感受。他用一个小棉签蘸了很少一点尼古丁液体涂抹到手背上。尼古丁可以通过皮肤被人体吸收，很快他便感觉天旋地转、头昏眼花，之后呕吐不已，经过相当长的时间才逐渐恢复过来。

经过这一次尝试，朱尊权对尼古丁的毒性有了更为清晰的感受。因为高浓度的尼古丁很难用于卷烟工业，所以，尽管朱尊权成功提取到尼古丁，却并未得到实际的应用。

烤烟分级：冲突

1957年，朱尊权主持制定的烤烟十六级分级标准已经在全国推行数年，一改过去全国各地烟区生产的烟叶品质杂乱、分级不均、严重影响烟厂生产的情形，烟农和烟厂也已经逐渐习惯了这个标准。

烟叶的生产由农业部门制订计划，卷烟的生产由工业部门制订计划，而烟叶的收购则由供销合作社统一进行。本来应该是一个很顺畅的进程，但因为不同阶段分属三个归口，所以经常出现衔接不上的矛盾。

一个非常典型的矛盾就是尽管烤烟的十六级标准能够在尽量简便的情况下，同时兼顾工业部门的卷烟生产和农业部门的烟叶生产，但在收购过程中，商业供销社觉得有些复杂，他们不愿意将烤烟分为那么多个等级，希望收购和运输的过程能够简化。

因为烟叶的等级直接关系到收购价格，因此也出现了烟农尽量把低等级的烟叶往高等级上靠的情况，作为收购部门的商业供销社对此并未给予充分的重视，但这种做法显然给烟草工业部门增加了麻烦，烟厂在卷烟配方的时候不得不增加劳动量，将收购上来的高等级烟叶中的次品用手工挑出来。

在未与烟草工业部门充分沟通的情况下，1957年，供销合作总社烟麻局为了烟叶收购方便，把原来的十六级压缩为十级，自行制定了烟草分级的十级标准。但是这种做法却让朱尊权和同事们感到了忧虑。

针对供销合作总社烟麻局制定的十级制烤烟分级标准，烟草工业部门的技术人员根据卷烟生产的实际情况提出了修改意见，但烟麻局并未采纳，反而要求立即采用十级标准进行生产试验，这让烟厂觉得非常为难。烟草工业部门希望在烤烟分级标准这个问题上能够发出自己的声音。

刊物：《烟草科学通讯》

尽管早在 1947 年，张逸宾就在武汉华福烟厂厂长萧儒君和总技师王承翰的支持下创办了《烟草月刊》，但仅维持了不到一年半的时间，便因内战和国内卷烟工业的衰微而停刊。1950 年，张逸宾来到上海，《烟草月刊》复刊，更名为《中国烟草》，王承翰和朱尊权都曾承担刊物编辑工作，后又因种种原因再次停刊。虽然烟草类的期刊发展并不顺利，但是随着研究业务范围的不断扩大，朱尊权仍然感到有必要成立一个与烟草研究相关的刊物，一是供科研人员发表研究成果，二是为圈内人士提供一个信息交流的平台。因机构调整，此时他所在的研究室已归食品工业部烟草工业管理局领导，在他的倡导下，食品工业部烟草工业管理局烟草工业科学研究室开始编辑出版《烟草科学通讯》，以内部刊物的形式传播。

1957 年，刚创办不久的《烟草科学通讯》成为了朱尊权和同事们宣传烤烟分级标准的阵地。在该刊的第一卷第二期上，针对烤烟分级问题发表了一系列的文章，朱尊权、张逸宾、余茂勋分别撰文对两种不同的分级标准进行了对比，同期刊物还登载了一部分国营上海烟草公司、上海各卷烟厂以及烟草工业局烟草工业科学研究室的技术人员参加的烤烟分级标准讨论会发言稿。

朱尊权在题为《关于烤烟分级标准的一些问题的意见》的文章中提出，十六级烤烟分级标准的优越性正在逐渐体现，要对标准进行修改必须慎重考虑，不应该轻率地朝令夕改。采购部门提出的苏联简化烟叶等级是靠不住的，苏联从我国进口烟叶主要是做调味之用，并不考虑我国烤烟的香气，单纯从苏联的晒烟分级标准来要求简化我国烤烟分级标准是教条主义的体现。

这场关于烤烟分级标准的争论轰轰烈烈地持续了一段时间，但随着反右之风很快遍及全国，这场争论又很快地平息了。直到 1962 年，朱尊权所在的研究所因机构调整归入轻工业部，国家科委指定轻工业部起草烤烟的国家标准，轻工业部又把具体任务安排给烟草工业科学研究所，朱尊权再次带领研究所的各方面技术人员深入国内主要烟区考察，在生产、销售、烟草工业等部门的配合下，根据实际情况将昔日的十六级标准微调为十七级，从而制定出我国首个烤烟国家标准。新标准在全国范围内推广后效果很好，等级明确，操作简单，烟农、烟厂等各方利益都有通盘的考虑。这项烤烟国家标准的起草工作也因此受到了国家标准局的奖励。

1957年，朱尊权昔日同窗们的工作有了新的变化：轻工业部烟酒局需要一位熟悉烟草工业的专家，在朱尊权的推荐下，王承翰调入北京到轻工业部工作。张逸宾被调入上海食品设计院，负责对外援建烟厂。也是在这一年，朱尊权赴京参加全国轻工业系统先进生产者代表大会，在中南海受到了毛泽东、周恩来、刘少奇、朱德等中央领导人的接见。

迁址郑州

1958年，朱尊权和研究室的同事们对烟叶替代品的研究已渐入高潮。在上海，他们从59种植物叶中初选出10多种作为替代品，其中荷叶已经开始用于卷烟生产中。在此时的上海，朱尊权遇到了一个很大的难题：已是食品工业部烟草工业管理局副局长的詹浩生和另一个副局长张作民一起来到上海，两人给朱尊权带来了上级的指示，要求将研究室扩建为研究所并迁址河南郑州。理由非常充分，轻工业部希望研究所的技术人员能够深入烟叶产区，多出研究成果，上海不是烟叶产区，缺少研究资源。而河南则不同，是国内重要的烟叶产区，也是优质烟叶的主产区，特别是襄城一带，生产的烟草闻名国内。

早在40年代，张逸宾就曾经深入襄城烟区进行考察，后来在他主持出版的《烟草月刊》创刊号上撰文称"中国烟叶在河南，襄城烟叶甲河南"。1958年8月7日，毛泽东主席在襄城视察，他主动到烟田查看烟叶的生长情况，到高温的烤房查看烤烟过程，还兴致勃勃地称赞"这里成了烟叶王国了"，大大激发了襄城人民烟草种植和加工的热情。

在河南郑州，一栋旧楼已经空置出来，准备拨给即将迁入的烟草工业科学研究所。对仅有40余人的研究所来说，除了改建一部分试验室、中试车间之外，办公条件还是比较宽裕的，同时还配套了一栋小楼作为职工宿舍。

但是最让朱尊权不安的还是对研究室技术人员不愿离开上海的担忧，他们绝大多数都生于上海长于上海，对上海有着深厚的感情，也有靠几代人的积蓄在上海购置了房产希望安安稳稳过日子的，而现在，在上级部门的指示下，他们必须要离开这里去适应一个陌生的环境。尽管朱尊权在上海生活的时间并不算长，但如果有职工不愿离开上海，他也完全能够理解他们。

尽管远离烟草产区，但与郑州相比，在上海从事烟草研究也并非不可行。作为东方大都市，上海是人员和信息交流的一个中心，在这里，想要获取到国内外最新的烟草研究成果比郑州方便得多。

但轻工业部既然已经下达了迁所的指示，就必须严格执行。作为负责人的朱尊权只能从业务研究的发展前景和感情上对职工们逐个做工作。社会上日益盛行的反右之风也在一定程度上推动了研究所的顺利搬迁。终于，研究室的职工连同他们的家属在1958年底之前分批搬到了郑州。郑州人民公园东门附近的两栋楼房成为烟草研究所在郑州的新址。

研究所迁到了郑州，但中华牌卷烟仍然是在上海生产，为了不影响其生产，朱尊权安排自己的学生刘崇阳留在上海工作，和乐宗韶一起共同掌握中华烟配方，刘崇阳因此成为极少未随研究室迁到郑州的技术人员。朱尊权的夫人姚雪英也因此不得不放弃在上海干部医院的工作，调入烟草研究所，仍然从事财务工作。

来到郑州之后，轻工业部烟草工业管理局生产处处长白筱易[①]被派到研究所担任书记兼所长，朱尊权仍是主管业务的副所长。在烟草工业科学研究所，白筱易和朱尊权合作得非常愉快。尽管白筱易是书记兼所长，但

---

① 白筱易，1939年加入中国共产党，长期在山东从事统战工作。1952年，受人民政府委派，与宋读亭一起接管青岛颐中烟厂（次年更名为国营青岛卷烟厂）并担任厂长。

在具体的业务研究方面,他非常尊重烟草专业出身的朱尊权,有着一种老党员的质朴。

来到郑州之时,已是三年困难时期之初,即使在烤烟生产大省的河南,烟叶缺乏问题也相当严重。朱尊权带领技术人员继续进行在上海业已开展的烟叶替代品研究,而且大规模展开[①]。

烟草工业科学研究所在郑州尽管有一幢办公楼和一幢职工宿舍楼,但真正能够开展试验、进行研究的条件仍然不具备:除了最基本的检测糖、氮、尼古丁等物质的仪器外,研究所几乎没有任何其他的试验设备。即使在这样的条件下,朱尊权仍旧和丁瑞康、洪承钺、江文伟、李尊鉴等卷烟工艺室的技术人员一起对各地选送过来的植物叶子进行加工和评吸。评判的标准则主要是人的感官,在朱尊权看来,感官才是判断哪些烟叶替代品能够使用的最终标准。

当时主要是依靠人的感官,很少使用试验设备、装置之类的,都是一些低水平的,完全要从实用主义的角度出发。我们研究所刚从上海搬到郑州时,试验设备本身就很少,只有一些最基本的能分析尼古丁、总氮和糖的仪器。糖、氮、尼古丁那时对烟草来说是三项最基本的检测指标。但这些基本设备也用得很有限。对卷烟来说,最后实用的、有可用性的标准还是人的感官,这是最主要的,到现在为止,尽管生化检测技术发展到这样了,某一种特殊的香气通过检测可以知道是什么物质,但真正的生化指标还是不能作为最后的判断标准,还得以感官评判为主。所以,评烟是一个最实际的过程。包括卷烟分级,包括一些其他的研究,如果做化学分析的话,尽管能把基本的道理弄明白,但最终落实到卷烟上还是要靠感官。

到现在为止,各种化学分析都可以做得很细致,比如目前热门的香烟减害的这些研究到最后还是和消费者感官相关联,减害说得做得再好,消费者抽着不合适不喜欢的话,也没有用。所以烟草的化学指

---

① 朱尊权访谈,2011年3月22日,郑州。资料存于采集工程数据库。

标有些是需要的、是很基本的，但最后真正把生化分析这项技术用到什么程度还需要结合评吸这个过程。①

乔　庄

既然来到了烟叶的重要产区，朱尊权便带领技术人员一头扎进了烟田。他们把目标选定为乔庄，这是襄县县城东南方向的一个小山村，是襄县较早开始烤烟种植的地方，是优质烟叶的产区，也是轻工业部主持的烤烟生产工作点。来到乔庄烟田，放眼望去尽是行列整齐、叶片大小和成熟度均匀一致的烟株，长势喜人。

朱尊权和技术人员来到乔庄与烟农同吃同住，但他们承担着一个重要的任务，要研究总结乔庄的优质烟叶生产经验和技术特点，以便向全国烟区推广，同时也要帮助乔庄改进生产技术。朱尊权将乔庄烟叶的生产技术特点高度概括为五个字："五匀、三一致"。其中"五匀"是指整地均匀、施肥均匀、育苗均匀、移栽均匀、田间管理均匀；"三一致"是指在团棵期的烟棵大小一致、在圆顶期的烟株高低一致、成熟期的同部位烟叶成熟落黄一致。"五匀、三一致"的技术要求简单明确，生动形象，易懂易记，很快在全国推广开来，推动了我国的烟草农业走向优质丰产。

总结出乔庄烟叶栽培技术特点后，朱尊权还带领技术人员对烟叶生产技术进行改进，特别是改善烤房设置。在烟叶的种植上，乔庄已经有了成熟的经验，但如果烘烤失败，种植得再好的烟叶，品质也会受到严重影响。

朱尊权和研究所的技术人员一起在总结烟叶种植技术特点和改进生产技术的过程中，与乔庄的烟农结下了深厚的友谊。与此同时，乔庄的烟叶生产也得到了极大的提高，有数据记载，1965年乔庄烟田总共65亩，平均亩产量为380斤，中上等烟的比例高达92%。

---

① 朱尊权访谈，2011年3月22日，郑州。资料存于采集工程数据库。

发展新烟区

20世纪50年代末，烟叶缺乏的问题一直困扰着烟草行业，烟叶品质也有所下降，烟厂效益下滑，种种原因使得我国的烟草行业出现了历史上少有的倒退。1960年，在朱尊权带领技术人员开展的冬烟、二茬烟和烟叶替代品研究全面铺开而仍然无法完全解决烟叶缺乏问题的关键时刻，轻工业部意识到了这个问题的重要性，下发文件要求在全国范围内抓烟叶，发展新烟区，力争扩大卷烟的原料来源。

这对我国的卷烟行业是个难得的好机会。朱尊权和技术人员们都很兴奋，发展新烟区不仅能够彻底解决烟叶缺乏问题，而且有可能发掘出更多的优质烟叶产区。

朱尊权对发展新烟区的工作做出了统筹安排：首先对全国范围内的烟叶种植情况进行调查，包括大致产量、种植烟叶的品种、品质等；其次总结各地烟叶种植的特点和优势劣势；最后全国统筹规划，在具备条件的省份推广不同类型的烟叶种植和生产。

我国大范围内的烟叶种植以烤烟为主，四川等地有少数雪茄烟产区，白肋烟和香料烟种植稀少。朱尊权和余茂勋等人在短短两年时间内跑遍了全国各地，南至海南岛，北到黑龙江。他组织力量协助各省发展新烟区，在云南、贵州、福建、河南、湖南、湖北等地发展适宜生产烤烟的地区，同时在湖北、四川等地引进推广白肋烟和香料烟，后来这些地区都成为著名的烟区。在推广烟叶种植的同时，朱尊权和同事们还在各地推广改进后的气流上升式烟叶烤房。

自60年代起，朱尊权的研究重心开始分散，所开展的工作遍及与烟草相关的所有领域。比如推广烟叶种植、发展新烟区、烟叶生产和质量改进、烤房工艺改进、卷烟车间的工艺改造（如抽梗、打叶等）、烟厂设计、烟草机械改进、烟丝储存、烟丝风力输送等。如同左天觉博士所评论的那样：

（朱尊权）因实际需要，逐渐扩展到全部烟草企业的科研和工艺。包括田间生产，工业制造，化学分析，质量监控，变成了道道地地的烟草企业的"专业通才"[①]。

　　除烟田外，朱尊权也与国内许多烟厂建立了良好的合作关系。烟厂如要进行生产线的工艺改进、卷烟配方研究等，都常常请他参加。在这个时期，朱尊权还涉及烟草化学方面的研究，开始尝试各种可添加到卷烟中的香精。河南生产大枣，他尝试过将从枣中提取出来的香精添加到卷烟中，使烤烟具有枣的香甜气味。此外，胶粘剂研究也是此时朱尊权和同事们开展的一项重要研究。

---

① 张红：《朱尊权》。北京：中央文献出版社，2004年，第20页。

第六章
十年"折腾"

1966年，朱尊权受杭州卷烟厂邀请帮助其建设制丝车间和改进设备，这项工作持续了好几个月。5月，制丝车间已经建设完毕，设备改造工作也已完成，杭州卷烟厂希望朱尊权能够继续留在杭州帮忙改进生产线的卷烟工艺，这时朱尊权接到了来自研究所的一个重要电话。

电话通知朱尊权，研究所有重要事情，必须尽快从杭州返回郑州，回研究所报到。朱尊权并没有意识到这是接下来几年遭受打击之开端，而是按照要求马上回到研究所。

刚跨进研究所的大门，朱尊权就感觉到了研究所的变化，墙上贴满了大字报，其中有许多直接指向他。"文化大革命"开始了，因为家庭背景和海外留学的经历，朱尊权成为烟草工业科学研究所首批受到批斗的领导。他被批判为资产阶级反动学术权威，后来又被定为反革命，关入"牛棚"。

"文化大革命"初期，一张与朱尊权有关的照片被造反派贴了出来，旁边标了异常清晰的几个大字：瞧这一帮牛鬼蛇神！这是50年代初期大学同班的五位学习烟草的同学在上海张逸宾家相聚饭后的一张合影。事情就是这么荒唐！

研究所在离郑州不远的石佛镇有一个小型的烟叶试验农场，朱尊权被送到这里劳动，这对他来说并不是一件难事，毕竟在日常的研究工作

图 6-1 被造反派标识为"瞧这一群牛鬼蛇神!"的照片（20 世纪 50 年代初期摄于上海，最后排为洪承钺，中排左起为王承翰、朱尊权，前排左起为徐洪畴、张逸宾夫人和张逸宾）

中也免不了要经常下烟田劳动。烟株需要施肥，烟田旁边就有粪池，粪便在被浇入烟田之前，需要搅动，这是朱尊权以前从来没有干过的活。

尽管经常受到批判、关"牛棚"、强制劳动学习，但朱尊权坚定地认为自己多年以来的工作是一心向党、向国家、向人民和烟草事业的，那些强加在他头上的帽子都是莫须有的罪名。同时他也坚信这种日子不会长久，迟早都会过去。但是，让朱尊权难受的是，当年随他一起从上海过来的技术骨干们也有不少因受到他的牵连而被批斗。

折　磨

1966 年冬天，"文化大革命"运动影响面进一步加大，"斗批改"运动升级。河南省直机关"斗批改"工作队的驻扎地在许昌地区的扶沟县。扶沟县位于郑州市的东南方，距离郑州约 150 公里。朱尊权所在的研究所和其他省直机关一起组成七团五营，实行军事化管理，开展"斗批改"运动。朱尊权和其他干部群众们都被拉到扶沟县练寺公社，住在生产队里。

对朱尊权的批斗和强制劳动仍在频繁地进行，对身体条件还不错的他来说，劳动并不可怕，可怕的是批斗时对身体的折磨和人格侮辱，身边的一位技术人员就因为承受不了折磨而自杀，因抢救及时才保住了生命，批斗的残酷性由此可见一斑。

在一个寒冷的雪夜，朱尊权被造反派们蒙住双眼，拉到村外的一间烤房，要他老实交代反革命的事实。既然是无中生有的罪名，自然是无从可写，这却让造反派们恼羞成怒，他们把朱尊权的双手吊在烤房的屋梁上，让他双脚离地，用烟头和雪水交替折磨，逼他交代情况。时间一长，朱尊权被折磨得多次失去知觉，被放下来的时候，他的双臂已经失去知觉，动弹不得，脱臼了。在这间烤房里，上肢无法动弹的朱尊权被人看守着关了一个星期，造反派们仍然没有得到想要的材料，只好将他放回连队。

在连队里，朱尊权和十多个同事住在一起。朱迪民，这位和朱尊权一起从上海来到郑州的化学工程师，自愿承担起了照顾生活无法自理的朱尊权的工作。吃饭、上厕所，这些对正常人来说轻而易举的事情，却只能依靠别人来完成，朱尊权此时心里产生了一丝恐惧：毫无理性的批斗究竟要持续多久？自己的胳膊能否康复，自己以后是否还能够从事烟草研究工作，这些都是未知数。

让朱尊权感到宽慰的是，除了少数造反派之外，周围绝大多数人都是善良的。在朱迪民去厨房打饭的时候，厨师知道他要给朱尊权带饭，就会在饭盒里多盛些食物，让他好好照顾朱尊权。

这是一段什么样的日子，朱尊权究竟是怎样熬过来的，他在回忆这段经历的时候，笑着用"瞎胡闹时期"来描述。同时，朱尊权也不无遗憾地说，这段经历让许多年龄偏大或身体不好的技术人员落下了病根，"文化大革命"结束之后就很少能够继续从事研究工作了。

朱尊权上肢失去知觉持续了很长一段时间，一直没有好转的迹象。在对面居住的一位做针线活的大妈，她用针在朱尊权手臂上扎了几次，僵硬的手指稍微变软了一些，但她仍然建议朱尊权去找大夫治疗。一名工人用自行车驮着朱尊权送往大妈推荐的那个大夫家，行程20多里都是土路，坑洼不平。朱尊权坐在自行车后座上，双手仍然无法动弹。到大夫家里后，脱臼的手臂很快被接好了，但双手仍然不听使唤。大夫考虑到这种状态已持续多日，建议送朱尊权到大医院去治疗，否则很可能会让手臂神经坏死从而致残。朱尊权被送回郑州，到河南省医学院检查，诊断结果为双臂臂丛神经受损，经过治疗，症状有所好转，但仍未完全康复。尽管如此，他也不得不再次回到扶沟县继续"斗批改"。

有朋友向朱尊权建议试试中医，推拿和理疗或许对他的手臂康复有用，并向他推荐了河南省中医学院的刘大夫。果然，在接受刘大夫的中医治疗之后，朱尊权的病情有了明显变化。治疗持续了几个月，朱尊权的手臂逐渐康复，所幸的是并没有留下后遗症。

工 作 停 滞

1967年下半年，朱尊权和同事们一起回到郑州。研究所内紧张的气氛已经有所缓解，但业务工作仍然无法正常开展。平时，他和同事们都是一起在单位学习、开会，偶尔去石佛营的烟叶试验场劳动。一些烟厂在生产上遇到问题找上门的时候，研究所有些技术人员已经可以去帮忙解决，但朱尊权的业务工作仍处于中断状态。

1968年，朱尊权再次被下放劳动，这次是到襄县乔庄。研究所刚搬到郑州之后，朱尊权便以业务副所长的身份带领技术人员在这里总结烟叶生产经验和协助改进烤房，所以当地烟农非常尊重他。尽管这次朱尊权来乔庄的身份和目的不同，但热情的烟农们并没有顾忌这一点，在他们心目中，朱尊权仍然是来帮助他们的烟叶生产专家。烟农们热情地邀请朱尊权到家里吃饭，询问烟叶生产中的问题，朱尊权也一一耐心回答。

两个月下来，朱尊权和烟农们打成一片，气氛非常融洽。工宣队发现了这个情况，认为这样下去无法达到改造朱尊权的目的，便把他调到了襄县郝庄，继续接受改造。

朱尊权在郝庄待了半年时间，回到郑州的时候已是1969年初。研究所的有些年轻人已经被允许去外地出差，但朱尊权和年龄稍大的技术人员每天的主要工作仍然是学习和开会。

下半年，研究所的气氛更加缓和。有一次，研究所的年轻技术人员去青岛卷烟厂处理生产工艺上的问题，朱尊权提出一同前往，居然得到许可。他先到了北京，待了两天之后到达青岛，发现先来青岛的同事已经回郑州，便又直接返回郑州。尽管此次他并没有直接参与到具体的技术改进工作中，但种种迹象表明，研究所业务完全停滞的时期已经过去。

也是在1969年，朱尊权和袁行思一起开始长期在长春烟厂帮助改进人参烟的工艺。这项研究的起因是，韩国有一种卷烟，因为在烟丝中添加了人参，在香港非常受欢迎，销量很大，引起了国内烟草行业的重视。长春烟厂有原料优势，也希望能够研究出一种自己的人参烟配方，便请朱尊权和同事们来帮忙。朱尊权在长春烟厂待了半年多时间帮忙改进配方，对烟厂所用的红晒烟提出了改进办法，最后选择用人参叶作为填充料补充到烟叶中。人参叶富含人参皂甙，能够起到和添加人参同样的效果，但同时又减少了添加人参所引起的卷烟吸食苦味。改进配方后的人参烟投入市场之后，效果非常好，在香港也很快取得了不错的销售业绩。

1971年，郑州烟草工业科学研究所归口由轻工业部变为河南省，在省里统一安排协调下，几个研究机构进行了合并。河南省轻工业厅里研究皮革、造纸等方面的人员被并入研究所，同时也调入了数名甜菜专业研究人员，研究所被更名为河南省烟草甜菜工业科学研究所。

早在1957年于上海便已内部出版的《烟草科学通讯》，在研究所搬迁至郑州之后不久就停刊了，1971年，朱尊权牵头将其复刊，更名为《烟草科技通讯》，亲自担任主编，开始再次不定期出版。期刊的影响面迅速扩大，两年之后，《烟草科技通讯》成为季刊定期出版。

图6-2 《烟草科技通讯》初期成员（20世纪70年代初期摄于郑州，前排左二为朱尊权，前排左三为江文伟）

烟草薄片

70年代中期，朱尊权和研究所里搞机械和工艺的技术人员一起将目光投向了国内烟草业内一个全新的领域——烟草薄片。

烟草薄片又称重组烟叶或均质烟叶，是利用卷烟生产过程中的碎片、烟梗、烟末或低次烟叶，用一定的工艺将其重新组合形成的片状物质。50年代，左天觉在美国获得博士学位后，经导师杰生教授推荐，到美国通用雪茄公司研究所工作，研究所的所长弗兰克堡便是全球最早开始研制烟草薄片的专家。

烟草薄片制成之后切成丝，掺进烟丝用作卷烟原料。制作烟草薄片的成本很低，但填充性很好，而且可以根据要求，采用不同的生产工艺调整卷烟的香气和香味、降低焦油量等，因此在国外卷烟工业中使用广泛。

制作烟草薄片常见的有造纸法、稠浆法和辊压法三种。最简单的是辊压法，又称干法，是将原料粉碎后与胶粘剂、增强剂、保润剂和水等按照一定比例混合，然后搅拌均匀，通过辊压机辊压形成片状，干燥后经过再造烟叶切丝机切成再造烟叶丝。

朱尊权和袁行思、金亦渊、刘岠、孙瑞申、冼可法等技术人员选用工艺较为简单的辊压法开始试验制作烟草薄片，1976年在郑州烟厂中试成功，1978年在新郑卷烟厂研制成辊压法制烟草薄片一整套工艺及连续化生产线，同年获得国家科学大会奖。该生产线每小时可生产90公斤、厚度为0.1—0.12毫米的烟草薄片。这是当时国内最先研制的辊压法制烟草薄片技术，设备简单，能耗很低，产品质量稳定良好，很快便在国内推广开来。烟草薄片的质量基本接近国外产品，但能耗比国外低。

辊压法总体上算是一种物理方法，不能对薄片内在的化学成分进行调控，难以满足卷烟配方的需求，研制烟草薄片起步较早的美国、法国等都已经纷纷开始采用工艺更复杂的造纸法来制造薄片。造纸法又称湿法，是先把烟草物质用温水浸泡萃取，将可溶物与纤维等不溶物分离，然后将纤维等不溶物打浆，用造纸机成型，同时将可溶物萃取浓缩喷回到已成型的片基上，经干燥后分切成烟草薄片。这种工艺过程可以根据需求人为地改变烟草本身的化学成分，比如去掉烟草中的有害物质、降低卷烟燃烧过程中焦油的产生量等，在实用性上比辊压法更有优势。

如今，烟草薄片一般以卷烟厂的下脚料、打叶复烤场的下脚料、入库前的碎叶以及原料产地的低次烟作为原料，在卷烟工业中已被广泛应用。在卷烟中添加烟草薄片，不仅可以加快卷烟的燃烧速度，降低人体对焦油的摄入量，同时也能调整卷烟的香气，所以绝大部分的卷烟中都添加有10%左右的烟草薄片。剥开一支卷烟仔细观察烟丝的话，就会发现它们。

恢 复 工 作

朱尊权的副所长职务并没有恢复，他只是凭着自己对烟草的满腔热爱开展着一系列的研究工作,这种情况持续了数年。1977年,新华社记者黄少良专程到烟草甜菜工业科学研究所调查研究所在"文化大革命"中的情况。调查过程中,朱尊权的遭遇引起了他的极度关注,通过与更多的职工交谈,他掌握了朱尊权在"文化大革命"期间受到迫害的全部情况,将这一切通过内参向中央反映。

中央领导很快批示,要求实事求是地调查此事。河南省轻工业厅随即派了一个工作组进驻研究所,事实是清楚的,群众的眼睛也是雪亮的,工作组在研究所里很快就得出了结论。在一次轻工业厅召开的全体干部大会上,朱尊权尽管已不是副所长,也接到了通知要求参会,他有些意外,但仍然按时到会场坐在后排角落处。河南省轻工业厅新上任的厅长朱哲夫主持会议。会议正式开始前,他通过麦克风询问朱尊权是否到场,如到场请到主席台就座。这是朱尊权在"文化大革命"中被打倒之后,第一次以干部的身份公开亮相。其实轻工业厅党组在会议之前已经决定给朱尊权平反,正好利用这次全体干部会议的机会光明正大地告知厅里所有人,朱尊权在"文化大革命"中的罪名是被冤枉的,所受的迫害是毫无道理的。

很快,朱尊权被恢复了副所长的职务,仍然主管业务研究。此时的研究所没有正职领导,一切所内事务均由他来主持。

1977年秋天,轻工业部食品工业局在河南商丘举行了全国烟草工作会议,局长苗志岚要求朱尊权到会并作与烟草相关的学术报告。报告的内容并不重要,其主要目的是在行业内宣布朱尊权重新站在了国内烟草研究的第一线。

在恢复副所长职务之后,那些曾经批斗过朱尊权的造反派们心里惴惴不安,担心朱尊权担任领导之后会报复他们。他们想错了,朱尊权对那些曾经批斗过他的人采取了一种完全不问过去、只谈工作和未来的态度,不仅在口头上完全不提那段被折磨的经历,而且在工作中也不因那段经历给谁穿小鞋。这也是一种团结群众的方式,只有团结群众才能更好地开展工作,朱尊权的领导才能再次得到体现,而那一批人也从内心里更加钦佩他了。

第七章
第二个春天

业务工作荒废了将近十年之后,朱尊权恢复了工作,此时的他已接近退休年龄,但他仍然信心百倍,甚至比年轻时更有斗志,或许他本人也没有想到,自己在科研道路上的第二个春天已经悄然来临。

左 天 觉

1977年6月,在中国农科院的邀请下,已在美国学习和工作了30年的左天觉博士夫妇首次回国。离别了30年,中国大地早已不是左天觉记忆中的样子了。他此时在美国农业部供职,这次受邀回国是以烟草专家的身份考察国内烟区,为我国的烟草生产提出建议。

左天觉选择了我国传统的烟叶种植大省山东和河南两地,去烟田看烟株的种植情况。烟田的情况让左天觉大吃一惊,原来,在50年代末期烟叶严重缺乏的时代,国家提出了烟叶要丰产优质的发展策略,所以提高烟叶的产量一直是烟草农业部门的重要任务。尽管以朱尊权为首的一批专家提出以优质丰产来代替丰产优质起到了一些效果,但在全国范围内来看,效果有限。

左天觉在烟田看到的景象是，烟叶的主要种植品种是多叶型，一个烟株上生长有五六十片烟叶，多的甚至能够达到100片，每亩烟田种植1200—2000株烟苗，这样一来，每亩烟田的烟叶产量能够达到300多斤，是美国平均烟叶产量的两倍，世界平均产量的三倍！尽管产量很高，但烟叶种植过密，叶子无法获得充足的阳光照射和雨水滋润，往往发育不良，烟叶质量势必受到影响，卷烟品质自然上不去。左天觉将看到的问题都详细记录了下来。

在河南烟区，左天觉终于再一次见到了朱尊权。朱尊权自1950年回国以来，刚开始与左天觉还有书信往来，包括邀请左天觉回国工作，请他帮忙提供国外烟草研究相关的最新成果等，之后政治运动席卷全国，二人便中断了联系。在中国最早一批学习烟草的大学生中，只有他们两人是在国外拿到了烟草专业的学位，其他学者往往是以学术访问的身份到国外短暂学习，但他们二人在不同的社会环境中向着同一个目标走在两条不同的道路上。

图7-1　朱尊权和左天觉在神农架顶峰合影

左天觉请朱尊权带他去河南烟田考察，此时朱尊权还没有完全恢复工作，但他们都深信，既然中美烟草交流的大门已经打开，双方更深一步的合作将指日可待。

在烟田，朱尊权和左天觉没有过多的交流，因为在出发之前，朱尊权得到过上级部门的提醒，要在美国专家面前宣传社会主义发展的成就，不能故意给中国抹黑，即使左天觉是中国政府出面邀请的专家也不能例外。

两人在烟田考察的时间并不长，但国内烟草种植过程中的问题，两人都心知肚明。在左天觉回到北京之后，向有关部门汇报此行考察的结果时，诸多问题被毫无保留地提了出来。

针对过多追求烟叶产量而忽视烟叶质量的问题，左天觉很尖锐地提出了批评意见，国内甲级烟水平一直上不去与烟叶的质量有很大关系。如果要让卷烟品质提升，就必须改变以量为纲的发展目标。

吸烟或者健康

在北京的报告会上，左天觉还提到了一个国际社会对烟草的热门话题，那就是吸烟与健康的问题。其实早在18世纪就有英国医生提出过癌症与吸烟的关系问题，但国际社会上对吸烟与健康问题的关注于20世纪60年代达到最盛。1964年，美国卫生局长路德·特瑞（Luther Terry，1911—1985）公布了一份报告，这份长篇报告由他的顾问委员会基于6000多篇论文撰写而成，长达15万字，被认为是影响美国政府烟草政策的关键报告。

这份报告的结论其实很简单，那就是吸烟对人类的健康有严重影响，迫切需要采取措施来解决这个问题。这个简单的结论对美国烟草业产生了至关重要的影响，美国卫生部门和烟草工业部门也开始了激烈的争论。卫生部门向科学家们提出了要求，希望能够通过科学研究来解决吸烟对健康的影响问题，拯救美国的7000万烟民。

1964年开始，美国国会、农业部和卫生局的研究人员开始在烟草与健康领域开展了密切合作，左天觉作为美国农业部的吸烟与健康问题首席科学家在贝兹维尔农业研究中心烟草研究室开始了长达20多年的研究。

焦油，这种烟草燃烧后产生烟气、烟气冷凝之后形成的物质被人们视为吸烟致癌的主要物质。焦油是一种非常复杂的混合物，据研究其中包含至少4000种不同类型的物质。对于烟草导致肺癌的元凶，美国专家从卷烟燃烧产物中确定出有害成分149种，加拿大明确认定有46种，而在著名的霍夫曼名单（Hoffmann List）中列出了44种。尽管其中只有极少数确定对人体有害，但没有有效的方法将这少数物质去掉，因此，只能从整体上减少吸烟者对焦油的摄入量从而达到减害的目的。尼古丁和一氧化碳也同样被认为是卷烟对人体危害的主要物质。在欧盟于2004年提出的控烟目标中，明确地将焦油、尼古丁和一氧化碳作为三项指标。

但是，社会上关于吸烟利弊的争论一直没有停息，美国著名的烟草公司菲利普·莫里斯（Philip Morris）公司的研究人员对卫生局报告中所采用的统计学方法提出了质疑，认为大样本的统计并不能说明人类个体对烟草的耐受能力，如果要确定吸烟对人体存在影响，应该长期跟踪调查对象，直到确定吸烟是致癌的直接原因。但是，卫生部门仍然警示人们，应时刻注意吸烟对健康的影响。1967年，已经退休的路德·特瑞在纽约组织召开了第一次世界吸烟与健康大会并亲自担任大会主席，在这次大会上，他特别委托左天觉负责主持一项关于"少害性卷烟制品研究"的讨论，主要讨论卷烟滤嘴的作用。

卷烟滤嘴最早出现于20世纪30年代，那时只有很少量的卷烟会在吸食端加上对烟气进行过滤的装置。到20世纪50年代，全球市场上已有超过90%的卷烟加装过滤嘴。过滤嘴可以过滤掉45%以上的烟气和烟气组分，在一定程度上可以减少人们对烟气中有害物质的摄入量，同时，用作过滤嘴的优良物质醋酸纤维的生产变得简单且便宜。

但是只要有人吸烟，就会有烟厂生产，烟农就会种烟，这是一条完整的产业链。人们的确关注自己的健康，在路德·特瑞发布研究报告后，美国卷烟销售量立即下滑两个百分点或许能说明这个问题，但烟民对卷烟的需求依然是很旺盛的，不可能一下子将烟草工业停掉。经过数年研究之后，吸烟与健康领域的研究人员普遍认为，应该将研究的重点由生产目的为主转向安全目的为主。

生产目的为主，意味着控制烟草的生产，从而减少烟草对人类健康的威胁；而安全目的为主，则意味着研究人员应该将更多的注意力放在如何降低烟草对人类的危害上，比如降低烟草燃烧时产生的焦油、尼古丁、一氧化碳等有害物质。

1977年，左天觉在吸烟与健康领域的研究已达十年，他将自己多年来的研究成果和盘托出，他指出要发展中国的烟草事业，亦不能仅靠提高烟草的生产和销售量，同时必须兼顾烟民的健康。那么，提高卷烟质量、生产低害卷烟是中国的烟草行业应该选择的发展道路。

我国是烤烟型卷烟的生产和消费大国，主要烟叶产区种植的都是烤烟，烤烟在燃烧时产生的焦油量比其他类型的烟叶要大很多。1912年，美国人研究发明了混合型卷烟，它是由烤烟、白肋烟和香料烟按照一定比例混合而成的，一般要用60%左右的烤烟，35%左右的白肋烟和5%左右的香料烟。混合型卷烟的烟丝枯黄，吸食劲头较大，有着浓厚的香气。白肋烟在燃烧时产生的焦油比烤烟要少，正是因为加入了一定量的白肋烟，所以混合型卷烟的焦油量低于烤烟，这在一定程度上减少了对人体的危害。过滤嘴的使用可过滤掉很大一部分烟气组分，包括有害物质，也能在一定程度上减少对吸食者的危害。同时，美国在1976年已经研制出低焦油卷烟，这也是以安全为目的的烟草与健康研究项目重要成果之一。

左天觉对吸烟与健康问题研究的详细介绍让国内的研究人员意识到，这将是国内烟草行业未来的一项重要研究内容。

对于烟草与健康的问题，朱尊权相信美国科学家的研究结果，但是他认为必须对烟草燃烧过程进行研究，研究有害物质产生的机制才能有效地制定出卷烟减害的策略。

在刚刚将名称变更回为轻工业部烟草工业科学研究所的办公楼里，一大张桌子上摆满了各种各样的简单仪器，这是朱尊权带领同事们进行卷烟尼古丁测量实验的现场。因为研究所缺乏专门的实验设备，所以燃烧、控时、收集、检测等一系列在专门实验设备上极其容易实现的一项工作，只能用极其复杂的过程来完成。

作为国内唯一的烟草工业科学研究机构，没有科研设备势必会影响到研究工作的开展。朱尊权只能采取一些变通的办法，简单试验，通过仅有的简单仪器来实现；稍微复杂一些的试验或者涉及生产工艺的试验，则与附近的烟厂合作，拿到烟厂去做。

1978年，朱尊权已经完全恢复了工作。菲利普·莫里斯公司派专家来访，朱尊权代表研究所与菲莫公司专家进行技术交流活动，收获很大，利用这个机会，该公司的专家热情邀请我国烟草专家访问美国。

第二年，中国的烟草专家顺利回访美国。7月底，轻工业部组成了六个人的代表团赴美考察，苗志岚为团长，朱尊权为副团长。在美国全程考察了26天，主要以烟草工业为考察目标，涉及六个州和15个城镇，访问对象包括卷烟厂、打叶复烤厂、白肋烟农场、肯塔基州立大学农学院、国家农业图书馆等。

肯塔基州立大学农学院是当年朱尊权攻读烟草专业硕士学位的地方。

图7-2 访美代表团与美国同行在菲莫公司门前合影（1979年，左一为苗志岚，左四为朱尊权）

当年的老师魏禄教授已经于五年前去世，但朱尊权在这里见到了当年实验室的另外一位教授戴森。朱尊权曾在这里度过了两年半的时光，重新来到此地，不禁回想起当年那个年轻、有闯劲、敢想敢干的自己。但一切都已成过去，更多的地方等着他去了解，在短暂停留之后，他和代表团一起赶往下一个考察点。

离开 28 年后重新踏上美国的土地，朱尊权心里激动异常。一方面，中国重新打开国门和世界交流，朱尊权感到由衷的高兴，封闭发展是没有出路的；另一方面，在封闭发展了数十年之后，中国的烟草行业必须了解世界上最新的烟草发展动向，美国是科技创新的前沿阵地，朱尊权热切希望通过此次访问对世界烟草行业发展的新动向有所了解。

不出所料，这次考察的收获是巨大的。美国烟草行业经过 20 多年的发展，已令朱尊权感到非常陌生。卷烟生产、烟叶存储等工作的自动化程度是他在国内想都不敢想的。在烟叶原料方面，美国的质量体系控制得非常到位，这并非是说美国的烟叶质量有多好，而是说在生产的时候就已经控制烟叶质量，在配方时合理利用，充分考虑到了各种烟叶的"可用性"，而不是一味追求提高烟叶"质量"，这正是左天觉提出的一个全新的观点。与此

图 7-3 20 世纪 80 年代，朱尊权（右二）访美时与朱尊慧（左一）、朱尊华（右一）等人合影

对比的是，国内的甲级烟用料很好，优质烟叶都用来制作高档卷烟，因此产量有限，卷烟在市场上供不应求；而低档烟叶的产量极其巨大，生产出来的低次烟产量大但销量小，严重积压。

更大的收获是，朱尊权在考察时发现，美国的烟草行业的关注重点已经由提高质量、降低成本变为降焦减害。

降焦减害

还在美国的时候，朱尊权已经在心中暗暗思量国内应如何进行低焦油、低危害型卷烟的研究，回到国内，他便按照自己的设想紧锣密鼓地开展起相关的工作。朱尊权想到了一个人，那就是他大学时的同学王承翰。王承翰在烟草方面的天赋极高，20世纪40年代初，刚大学毕业不久的王承翰在进入重庆华福烟厂后很快就成为年轻的副厂长，负责整个烟厂的技术和工艺。1950年，30出头的王承翰已是中华烟草公司的厂务科科长，负责全公司的卷烟生产工作，也正是在他的竭力邀请下，朱尊权来到上海到中华烟草公司工作。50年代中期，在朱尊权的推荐下，王承翰调到北京到轻工业部工作，"文化大革命"期间因在华福烟厂工作的经历而受到迫害，后来他主动要求调到河南许昌卷烟厂从事卷烟的技术工作，但那里的工作简单而单调，完全无法发挥他的技术特长。如果王承翰在研究所，能发挥的作用就要远大于在烟厂。1979年，在朱尊权的努力下，王承翰调入研究所，从事卷烟配方方面的研究。

既然谈到降焦减害，那么焦油量达到多少才能算是低焦油？国际上通常认为是单支卷烟燃烧后产生的焦油量少于15mg可称为低焦卷烟。在美国，50年代的时候每支卷烟的焦油量高达40—50mg，在80年代初期就很快降低到平均14mg。但在我国的80年代初期，国内的卷烟平均焦油量仍然在30mg/支以上，要想从总体上达到降焦目的何其困难？！朱尊权认为，要发展低焦油和低危害的卷烟，应该从以下几个方面入手。

一是减少每支卷烟的烟丝量，这可以通过膨胀烟丝的工艺来实现。膨胀烟丝分为叶丝膨胀和梗丝膨胀，按照膨胀工艺过程中加入的介质不同，又有几种不同的膨胀方法。常见的应用于卷烟工业企业中的烟丝膨胀方法主要是用二氧化碳来实现膨胀，又称为干冰烟丝膨胀法。过程为：先将烟丝原料进行处理，保持一定的含水率，以 20% 为佳，将烟丝送入已有液态二氧化碳的浸渍器中，烟丝浸入其中，液态二氧化碳能迅速穿透烟草细胞。之后液态二氧化碳排出，将冷冻烟丝送入振动柜中，通过振动将烟丝送入升华器，在升华器中，干冰烟丝与高温气体接触，已浸入烟丝中的二氧化碳使得烟丝体积迅速膨胀，气体和烟丝分离，烟丝的膨胀过程结束。通常来说，这个过程会使烟丝体积增加 110%—140%。二氧化碳对人体无毒，经过膨胀后能保留高沸点的香味物质，无污染无残留，膨胀后烟丝变得松软，每支烟所用烟丝量有所减少，吸食卷烟时的压力减少，每支卷烟燃烧产生的焦油、尼古丁等有害物质均有所减少。

二是发展过滤嘴卷烟。利用醋酸纤维过滤掉一部分烟气以及烟气组分中的有害成分，这是一种经济而且较容易实现的手段。

三是发展混合型卷烟。卷烟的香味与焦油量有相当大的关系，香味物质主要含在焦油之内。烤烟的香味本来就比较淡，焦油量又很高，如果仅对烤烟进行降焦，达到 10mg/ 支以下是非常困难的，即使能够降到这个水平，吸食卷烟时的香味又过淡，烟民很难接受。白肋烟比烤烟香味浓而焦油低得多，所以混合型卷烟降焦是比较有效的。混合型卷烟需要白肋烟和香料烟，在 60 年代推广新烟区的时候，朱尊权就有意识地推广过白肋烟和香料烟的种植，十几年来，白肋烟在湖北恩施州建始县、香料烟在云南保山县都已经成规模的种植，可以供混合型卷烟试验之用。只是，已经习惯烤烟的国内烟民对混合型卷烟需要一个适应过程。

四是推广烟草薄片在卷烟工业中的运用。在烟草薄片的生产工艺中注重降焦的特点，添加入烟丝之后，燃烧时能够在一定程度上减少焦油的产生。

五是从烟叶原料上下功夫。不同品种的烟叶、不同的生长发育条件、不同部位的烟叶燃烧时产生的焦油量也不尽相同。在种植过程中努力培育香气浓郁但焦油量低的烟叶也能在一定程度上达到降焦的目的，但从烟草农业方面入手是一项复杂而艰巨的工程，短期内很难达到目标。

基于以上的认识，朱尊权和同事们开始了降焦减害的研究，刚开始，他把发展低焦油混合型卷烟作为研究的主要目标。

1980年，朱尊权赴菲律宾参加CORESTA组织的烟草国际科技会议。CORESTA是1956年成立的国际组织，全称为国际烟草科学研究合作中心（Cooperation Centre for Scientific Research Relative to Tobacco），是世界上最广泛的烟草业联合体，包括烟草企业、烟草研究工作者等与烟草有关的组织和个体。在会议期间，朱尊权碰到了菲律宾福川卷烟厂的总经理，于是向其咨询降焦经验：如何经济而有效地降焦？福川烟厂总经理向朱尊权介绍了利用滤嘴机械打孔稀释的办法，这是福川烟厂正在使用的方法之一，简单而有效。为了更好地说明问题，他赠送给朱尊权一个用于打孔的刺板。

一拿到刺板，朱尊权立刻就明白了其工作原理。这个其貌不扬的小玩意的主要功能是在卷烟的过滤嘴上刺上一圈微小的孔洞，这样一来，在吸食卷烟的时候，一部分空气不是从燃烧的烟头通过烟丝进入口腔，而是直接从过滤嘴的小孔处吸入口腔，这部分直接吸入的气体未经过燃烧的烟丝，其实就是普通的空气，这样一来就有效地稀释了吸入体内的烟气，也就减少了焦油的摄入量。

如果撕开一支已经吸食完的过滤嘴打孔的卷烟滤嘴便可以发现，在烟丝到小孔之前的半段醋酸纤维中，烟气沉积较厚，颜色较深，呈棕褐色，而在小孔之后半段醋酸纤维则颜色较白，这就能够说明打孔降焦是有效的。滤嘴机械打孔稀释技术至今仍广泛用于国内的卷烟工业中。

原理是相当简单的，如果不用刺板，找根针在过滤嘴适当的位置刺几个小孔也能起到同样的效果。在卷烟机上加装刺板可以大幅提高生产过程中的打孔速度，提高卷烟生产效率。回国之后，朱尊权便开始尝试在卷烟机上增加打孔装置，研究所并没有大型的卷烟设备，他找到了徐州卷烟厂，和袁行思等卷烟机械专家一起开始在卷烟机上添加打孔装置。

与此同时，朱尊权在卷烟降焦方面的其他研究也在紧锣密鼓地进行。1981年，他与襄樊卷烟厂合作的膨胀烟梗丝研究告一段落。在这项研究中，他并未采用国际上先进的真空冷冻干燥处理方法，而是采取适合我国实际情况的膨胀工艺，在高温高湿环境下快速干燥处理。研究成果令人满意，在研究小结中他写道：

宽度适宜、质量较好的切后烟梗丝，根据设备能力均匀喂入蒸梗丝机内预热到100℃后，进入干燥塔中处理。在标准气压下，当进入干燥塔的空气温度为360—400℃、水蒸气的分压力为700毫米水银柱以上时，烟梗丝2秒左右即可干燥到8%—14%的水分，其填充值约可达4.78m/g。膨胀率约为5.65%。

质量一般的烟梗丝膨胀率为30%。当出梗率为15%时，箱耗丝约下降4.5%。一台500公斤/时生产能力的膨胀梗丝设备生产一年可节约烟丝量为756000公斤。

膨胀后的烟梗丝近似烟丝，柔软性较好，色泽较深呈黄色，青杂气减少，吃味有所改善。梗丝组织结构松软，燃烧性好，持燃均匀，焦油量降低了约9%。提高了卷烟的安全性，对吸者健康有利。[1]

"821"低焦油混合型卷烟

各项降焦条件均已具备，朱尊权正式开始了低焦油混合型卷烟的试制。按照他已掌握的各项技术，1982年1月，朱尊权领导研制的一种新式卷烟正式下线，经过严密的测试，焦油量为15mg/支！这已经达到国际上低焦油量卷烟的标准，这是我国自主研发的第一款低焦油卷烟，被业内称为"821"低焦油混合型卷烟。

在生产设备、工艺和各项条件均远落后于国外烟企的情况下，"821"

---

[1] 朱尊权，黄嘉礽，金显琅等：膨胀烟梗丝的研究。《烟草科技》，1980年第4期，第1-5页。

低焦油混合型卷烟的出现填补了我国低焦油卷烟的空白，同时，其中蕴含的降焦工艺能被我国各卷烟生产企业广泛采用，大大推进了我国低焦油卷烟的生产。

"821"低焦油混合型卷烟的意义重大。我国曾提出在2000年实现全国卷烟焦油量降至15mg/支的目标，"821"的出现是国内自主研发低焦油卷烟之开端，有较为明显的引领和示范作用，正因为此，"821"低焦油混合型卷烟的研制很快便获得轻工业部科技进步成果二等奖。80年代初期，吸烟有害健康的说法已引起国人的广泛关注，有若干烟厂主动与朱尊权联系，希望能够转让低焦油卷烟的生产技术，其中徐州卷烟厂表现得相当积极，后因种种原因，此项"821"低焦油混合型卷烟的生产技术转让搁浅，因而未能在国内广泛推广，是为一大遗憾。

在1982年《烟草科技》第4期上，朱尊权系统总结了卷烟降焦的办法，主要是从两个办法入手，一是使卷烟少产生焦油，办法如下：

（一）原材料的选择和改进

卷烟所使用的烟叶和主要材料产生的焦油量少，则卷烟产生的焦油必然少些。各种不同类型、品种、质量的烟叶产生的焦油量有差别，有些晾晒烟比烤烟少；下部烟比上中部烟少；薄而疏松、填充力强、燃烧性好的烟叶产生的焦油也较少。

……

（二）减少烟叶用量

焦油量的计算是以每支卷烟为单位，而焦油的产生必须有其物质基础，每支卷烟所用的烟叶少些，所产生的焦油量自然也相应减少。这种方法同时也可以降低烟叶耗用量，一举两得，所以非常受到国外烟厂的重视。但是减少烟叶用量有个限度，就是烟支的硬度必须使消费者满意，烟支不空头，外观质量合乎标准。目前普遍采用的办法有：

1. 千方百计提高烟丝的弹性和填充能力，要求烟丝疏松、卷曲，宽窄和长短适度。

2. 提高卷制技术。使卷烟松紧适度，均匀一致。新式卷烟机如莫林斯九型还有"密头"技术等。

3. 膨胀烟丝，膨胀梗丝技术。

4. 选用填充能力强的烟叶。

5. 改变烟支规格，向细而长发展。

（三）改进卷烟燃烧条件

卷烟燃烧得更完全一些，可以少产生焦油；静燃速度快些，每支烟可少抽几口，焦油量自然随之减少。目前国外卷烟一般只可吸7—9口，而我国卷烟一般可吸10—13口，这就是个很大的差别。可采用的办法主要有：

1. 改进卷烟盘纸。卷烟纸的透气度高，则燃吸时可提供的空气量多，使燃烧较完全、减少每口吸入的烟气量；燃烧速度也加快，烟气中的 CO、NOx 还会从卷烟纸的微孔中的逸出……

2. 选用助燃剂。国外有专用的卷烟助燃剂产品销售，我所也曾试制助燃剂，适当地采用约可使卷烟少吸一口，降低焦油含量10%。当然这类助燃剂不允许使用硝酸盐类等有害物质，对卷烟香味不应有任何损害。

3. 对烟叶的选择和处理也可同时起到改进燃烧条件的作用。例如熄火的烟叶在配方中必须严格控制，注意选用燃烧性好的烟叶。此外，膨胀后的烟丝，特别是梗丝，对改进燃烧性均有明显好处。

（四）改变烟叶的性质

对烟叶进行再加工处理，改变其物理或化学性质以发挥降低焦油的作用。已经采用及正在研究发展中的办法如：

1. 烟草薄片。各种技术路线生产的烟草薄片其密度、填充性等有差别，所以对降低焦油的作用也有差别。我国目前推广的辊压法薄片主要是从废料利用、容易上马、收效快来考虑，对降低焦油的作用不如造纸法薄片显著。

2. 从烟叶中提取某些成分而后制成薄片。这在美国曾进行大量科研工作，将成熟的青烟叶粉碎后提出蛋白质等成分，然后调制变色，再加工成薄片。这类工作与实用之间还有较大距离。

3. 化学处理。对烟叶进行各类化学处理以降低焦油或其他有害成分。这类的专利和报告不少，而实际应用情况不详。①

第二种办法是尽量减少已产生的焦油被人吸入，主要做法如下：

（一）过滤。卷烟加上滤嘴可以截留焦油。滤嘴长短不同，效率不同；滤嘴的成分和规格不同也有不同的效果……

（二）稀释。在滤嘴上打孔，引入空气以稀释烟气，可降低焦油含量。孔的大小、数量和打孔位置等参数都能影响稀释程度……②

减害降焦

焦油，烟民对它是又爱又恨。恨的是，焦油中不足1%的成分是吸烟致癌的主要元凶，却无法通过有效的手段去除掉；爱的是，卷烟在燃烧时产生的香味和香气成分都包含在焦油之中，降低焦油，则香味物质相应地有所减少，吸食的趣味也降低了。

在推广低焦油混合型卷烟的过程中，朱尊权发现有相当大的难度，这种困难主要是来自烟民。国产的白肋烟质量不高，制造低焦油混合型卷烟的经验有所欠缺，技术不高，使得卷烟产品质量不高，烟民不大喜欢。另外，消费者多年形成的吸食习惯不会轻易改变，不太容易接受低焦油混合型卷烟，仍然喜欢焦油量较高的烤烟。正是因为这些原因，在国家大力发展低焦油混合型卷烟十多年的时间里，其市场占有率一直无法超过10%。

在对低焦油混合型卷烟的研究过程中，朱尊权发现卷烟烟气中主要的有害成分——烟草特有的亚硝胺（TSNAs）的产生量与烟叶类型有关，叶

---

① 朱尊权：浅论卷烟的焦油含量。《烟草科技》，1982年第4期，第1—6页。
② 同上。

组配方中白肋烟比重大的卷烟焦油量较低时而亚硝胺却较高,这也是一种主要致癌物质。但是,国际上对卷烟有害物质的通用标准是焦油、尼古丁和一氧化碳,亚硝胺并不在此列。既然如此,焦油量较少的混合型卷烟是否就一定比焦油量较高的烤烟更安全?其实,霍夫曼名单列出的44种有害物质中,有许多都不包含在焦油内,比如一氧化碳、氢氰酸、挥发性醛类物质、氮氧化物和氨等气相成分,即使焦油量大幅降低,也不一定能降低这些有害物质的含量。

朱尊权认为,以"降焦减害"为发展方向的国内烟草行业应该修改为"减害降焦",毕竟,降焦只是手段,而减害才是真正的目的。

> 随着科技的进步和WHO的要求进一步提高,除癌症外,吸烟对心血管、呼吸系统等各方面疾病的影响、烟气中气相成分的危害、对被动吸烟者及对环境的污染也提上日程,乃至霍夫曼提出的44种有害成分均需降低。
>
> 现在欧盟已规定,除焦油外,还有烟碱、CO共3项控制指标。在科学研究方面也逐步找出一些危害严重的化学成分如TSNAs、PAHs[①]、自由基等和选择性地减少这些有害成分的办法。此外,焦油降低,则烟碱也随之大量减少,烟碱含量过低可能会使吸烟者的吸烟数量增加以达到生理满足,即所谓的补偿效应。因此,为保持香味,在降焦达到一定程度时,应加大对卷烟有害成分的选择性降低,使"减害"的目标更为明确。[②]

长期以来,我国的烟草行业一直在追随国外的发展模式,比如降焦研究、膨胀烟丝研究、烟草薄片研究,等等,在提高卷烟质量方面也是如此,曾经有一段时期,国内就曾提出提高卷烟质量、向555牌卷烟看齐的发展目标。朱尊权认为,应该发展"中式卷烟",也就是根据国人的消费习惯,围绕WHO对吸烟与健康问题的要求发展自己的卷烟。

---

① 注:多环芳烃。
② 朱尊权:从卷烟发展史看"中式卷烟"。《中国烟草学报》,2004年第2期,第1-5页。

药物型卷烟

卷烟"增益"则是朱尊权在提出"减害降焦"之后的重要补充，是具有我国特色的卷烟发展思路。

在我国，中药是一个巨大的宝库。根据中医学理论，不同的中药能够对人体发挥不同的药效，其中有一部分已通过现代医学的知识进行过论证。比如人参，在中医看来能够"大补元气，复脉固脱，补脾益肺，生津止渴，安神益智"，而通过现代医学和生物化学发现人参中含有的"人参皂甙"的确能够调节中枢神经系统兴奋过程和抑制过程的平衡，长春卷烟厂推出的人参烟即有这方面的考虑。

能否将中药经过工艺处理之后添加到卷烟之中，从而发挥其特有的药用，从而达到不仅减少卷烟对人体的危害，而且能够对人体起到好的作用？这种"增益"的思路得到了许多人的支持，同时也遭到质疑。

质疑的主要理由是，人们从吸入卷烟燃烧后产生的烟气中得到生理上的满足感，中药即使有效，经过高温燃烧还能发挥原有的药效吗？

试验是检验增益有效性的唯一方法。朱尊权和同事们在卷烟中加入中药，开始进行试验，观察在燃烧过程中中药的有效成分能否有效地混入烟气而进入人体发挥作用。

卷烟在燃烧时，燃烧的火锥中心的温度高达 800—900℃，但随着离燃烧中心的距离的渐远，温度下降得很快，在离燃烧中心 1cm 处，温度已经下降为常温，大约 30℃。在燃烧过程中，卷烟大体上要经历三个过程：燃烧、热解和蒸馏。燃烧区域温度最高，烟丝连同薄片等添加物在此燃烧，热解作用发生在温度稍低的不完全燃烧过程中。中药卷烟有效性试验发现，在热解过程中，中药的部分有效成分被蒸发或升华，混入烟气，在烟气中能够明显检测出来。这些有效成分和烟气一起进入人体，可直接对人体发挥作用。研究表明，如果卷烟中需要加入中药，那么添加剂中的有效成分应该具备容易被蒸发或升华的性质，这样才能易于被人体吸收。

  吸烟要经过呼吸管道，烟气影响呼吸管道自然首当其冲。也正是利用这一特点，在卷烟中加料，有效成分随着烟气进入呼吸管道，直接与病变部位接触，药效也最容易发挥。添加的药物除了能减少主要有害成分外，如能生津、润喉、止咳、化痰，使吸烟者易于在短期内就能感受到其好处。当然，能提高免疫力、减少肺癌或缓解其他疾病等也可考虑，但其效用必经长期使用才能体验。
  中草药的材料选用如拟加于烟丝中，不论单体或复方，必须能在燃吸后生效。其有效成分的沸点应在200—300摄氏度左右才能随烟气进入人体。我院的研究表明，酯类单体如异戊酸甲酯等沸点较低的单体在烟丝中的持留率较低，在抽吸过程中已挥发散失，沸点在200—300摄氏度左右的单体如乙酸壬酯、肉桂酸异戊酯等抽吸时进入烟气的转移率均在20%以上。[①]

朱尊权和同事们通过实验论证了卷烟"增益"的可能性。为得到进一步的理论支撑，他组织召开了药物型卷烟的学术会议，邀请烟草界的专家和医疗卫生界的著名专家和学者共同谈论有关学术问题。另一个问题随之而来，既然能够通过在卷烟中添加药物由患者吸食而产生药效，那么产品究竟应该属于卷烟还是药物？与会者进行了激烈的讨论。最终一致认为，药理作用只是辅助性的，药物型卷烟仍然属于烟而不是药物，这种药物型卷烟后来被命名为"新混合型卷烟"。
  如今市面上已有不少新混合型卷烟产品，如长春生产的人参牌卷烟、江西生产的金圣牌卷烟、广东生产的五叶神牌卷烟都是在普通的卷烟中添加了具有一定药理作用的添加剂，市面上销量也都比较可观。
  重新回到工作岗位之后，朱尊权已经接近退休年龄，但此时的他比以

[①] 朱尊权：卷烟减害与自主创新。《中国烟草学报》，2006年第1期，第3-7页。

图7-4 中国烟草总公司科技委员会成立大会（前排右四为朱尊权，前排右五为时任国家烟草专卖局局长李益三）

前更加忙碌，"文化大革命"期间浪费掉的几年时光让朱尊权的心态有了一些变化，他更加珍惜如今的工作机会，浪费掉的光阴只有通过更加努力地工作才能补回来。与此同时，我国的烟草政策和烟草行业也在发生一些变化，1981年5月，国务院批准了轻工业部的报告，决定对烟草行业实行国家专营，筹建中国烟草总公司。次年，中国烟草总公司正式成立，朱尊权被聘为总公司科技委副主任。1983年9月，国务院发布《烟草专卖条例》，确立了国家烟草专卖制度。在这一系列变化之下，我国的现代烟草体制逐渐形成。

80年代初期，我国的烟草体量已经相当可观，但行业内的问题也相继出现。以1983年为例，我国的烤烟和卷烟产量均占世界第一，烟草行业实现的工商利税达到了全国财政一年总收入的10%。然而，尽管数量上来了，其他问题却只增不减，如卷烟行业用料费、利润低、经济效益明显落后于世界平均水平。究其原因，主要是国内的烟草种植、卷烟生产等方面的科技水平较低，缺乏高质量的卷烟产品。解决这一系列问题要从两个方面入手。首先，这些问题追踪到源头，其实是烟叶生产的问题只有努力解决烟叶生产的突出问题才能提高烟叶种植的水平。其次，需要提高国内烟草行业的科技水平。

请 进 来

　　也正是在这一年,为了解决烟叶生产中的一系列问题,在朱尊权的建议下,曾在美国攻读烟草生理学的左天觉博士被中国烟草总公司聘为高级顾问,再次被邀请回国赴烟区考察,参与改进中国烤烟生产的指导工作,为我国烟区的发展出谋划策。这一次,左天觉还从美国邀请了五名各领域的一流专家一同来到中国。在酷热难当的7月,朱尊权陪同左天觉和美国专家考察云南和贵州烟区,历时20多天。

　　在云贵烟区,这一批烟草专家们考察得相当仔细,一边走一边看,越看发现的问题越多。1977年第一次回国的时候,左天觉和朱尊权对山东和河南烟田的主要建议是放弃烟草生产以量取胜的观念,努力提高烟叶的品质。这一次他们发现了比想象中更为严重的问题,烟草的质量和可用性都在降低,烟草种植水平在逐渐退化,如果种植出来的烟叶没有可用性,那如何生产出好的卷烟呢?生产出来的卷烟又能卖给谁呢?如果不彻底改变这些问题,我国的烟草农业将面临一场大的危机,从而对烟草工业产生毁灭性的影响。这绝不是危言耸听,左天觉和朱尊权分别作为美方和中方专家对烤烟种植过程中的问题总结出四句话:"营养不良,发育不全,成熟不够,烘烤不当"。在提出这16个字之前,他们慎重考虑了很久,因为这看似简单的四句话,把烟草种植的整个过程都完全否定了,这样直接提出来,烟农们能否接受?

　　考虑再三,朱尊权和左天觉还是决定如实直说,既然是要来解决问题,那么就必须先把问题指出来。果然,烟农们和农业部门的有些领导非常不满意,在他们看来,云南和贵州是我国的优质烟叶产区,多年来的种植技术一直如此,如果将这里全盘否定,那其他地区岂不是问题更多?

　　但是这个简单的结论引起了中国烟草总公司领导的高度重视。问题找到了,下一步就要找到解决这些问题的办法。这次中美专家的联合考察为接下来的第一次中美合作试验埋下了伏笔。

CORESTA

左天觉和朱尊权还认为,封闭发展的中国烟草行业是没有出路的,必须加强和世界上其他国家同行的合作,因此他们建议中国烟草总公司加入CORESTA,以增加与国外同行交流和沟通的机会。1984年,中国烟草总公司加入CORESTA,之后每年的CORESTA会议都会资助一到两个中国的年轻学生出国学习烟草,这在一定程度上增加了中外烟草研究方面的交流。1986年,加入CORESTA两年之后,总公司即被选入CORESTA领导层,成为理事会的12名理事之一。

在朱尊权的推动下,中国烟草总公司与CORESTA的合作日益紧密。1988年,CORESTA科技大会第一次在中国召开,地址选在广州。CORESTA理事会邀请朱尊权作第一个大会报告,他考量再三,选择以《烟草的传统与创新》为题向来自全球各地的400多位外国同行介绍中国的烟草发展历程,并向他们介绍了近年来发展起来的药物型卷烟。在发给与会代表的纸袋中,除了会议材料外还有国内生产的药物型卷烟样品,他在报告结

图 7-5　朱尊权在 CORESTA 大会上做大会报告(1984年,广州)

束时说:"这是中国烟草技术人员近年来的研究成果,试图利用中国传统的药材与卷烟相结合来缓解一些病症,请各位将它们带回去,给有这些病症的朋友们试抽一下,如果有效,请告诉我,如果无效,请找医生。"幽默的发言赢得会场的热烈掌声。

自此之后,CORESTA与中国的合作取得显著成效。1988—1992年,朱尊权一直担任CORESTA科技委委员会委员,CORESTA的会议也多次在中国的苏州、西安、上海等地召开。

2008年11月3—7日,CORESTA 2008年大会在上海召开,理事会颁发给朱尊权CORESTA PRIZE。这个奖项通常被授予行业内获得公认的具有终身成就的科技工作者,朱尊权是迄今为止唯一获奖的中国人。

图7-6　CORESTA颁发给朱尊权的证书(2008年,上海)

走 出 去

与国外同行的交流不仅要重视将外国专家"请进来",更要重视让国内技术人员"走出去"。二十世纪八九十年代,朱尊权和国内同行多次出国访问,到达美国、法国、日本、意大利、土耳其、希腊等,对国外的烟草种植、卷烟生产工艺、烟草薄片生产技术、香料烟的种植生产等有了充分的了解和掌握。

1993年,应著名农学家马保之和台湾省食品工业发展研究所所长刘廷英的邀请,朱尊权以团长身份,与瞿冬芬、苏德成、詹金华、周大友五

图 7-7　朱尊权在台湾烟田（1993 年摄于台南，右一为马保之，右二为左天觉，左二为瞿冬芬，左三为朱尊权）

人组成中国烟草学会赴台湾考察团，对台湾省烟酒专卖管理体制、烤烟生产、卷烟工业、食品加工和有关科研等 14 个单位进行了为期 10 天的考察访问。

　　1947 年之后，朱尊权就再也没有见到母亲一面，当年母亲在台湾召唤，他却毅然回到大陆而从此错过了与母亲在一起的机会。这次在台湾，朱尊权利用访问间隙来到母亲的墓前，回想起年轻时与母亲在一起的一幕幕场景，他悲痛不已，眼泪流在他的脸上，也流在他的心里。

中国烟草学会

　　对于提高国内烟草行业的科技水平，朱尊权有自己的考虑，他非常看重行业内的学术交流。学术期刊是一个方面。1981 年，他付出颇多心血发展多年的《烟草科技通讯》更名《烟草科技》，成为国内烟草行业内影响最大的学术刊物，他也继续担任主编；另一方面，有必要成立一

图 7-8　朱尊权参加中国烟草学会第二次会员代表大会时与部分代表合影

个民间团体组织，将烟草科技工作者联合起来，定期组织学术交流活动，提高我国的烟草科技水平。基于此种考虑，朱尊权开始呼吁成立中国烟草学会。

在他和行业内一些专家学者的呼吁下，中国烟草学会（China Tobacco Society）于 1985 年 5 月正式成立，1991 年在民政部登记注册，业务主管单位为中国科学技术协会，挂靠国家烟草专卖局（中国烟草总公司）。这个由全国烟草科学技术工作者以及与烟草事业有关的单位、团体自愿结合的学术性的全国性的非营利性的社会组织，很快成为推动烟草科技创新的重要机构。

朱尊权当选为中国烟草学会第一届理事会的副理事长，同时兼任工业专业委员会主任，他开始充分利用这个平台为提高烟草科技水平而努力。

在倡议成立中国烟草学会的一次会议上，朱尊权做了关于吸烟和健康问题的报告。报告之后，时任轻工业部部长的梁灵光向他了解烟草行业的问题并征求解决办法。朱尊权将研究所在试验仪器问题上多年的窘境向部长和盘托出，表示如果有满足需要的科研仪器，那么关于烟草的科研工作水平将大大提高。梁灵光部长当即表示轻工业部应该支持研究

第七章　第二个春天

所购买进口设备。

回到郑州之后,朱尊权却不知道该如何向轻工业部落实购买设备事宜,他不爱往北京跑,也不走上层路线,与轻工业部的领导一直沟通不够,也不知道该如何打交道,但既然部长点了头,一定要抓住这个机会。他派研究所的一位研究烟草化学的助手去轻工业部到各部门沟通此事,几个月后,用于购买设备的外汇得到落实。这是研究所成立数十年来第一次大规模采购科研设备,进口了吸烟机、色谱分析仪器等,这样,烟草化学方面的工作就能顺利开展。

朱尊权积极参加中国烟草学会的活动。关于药物型卷烟召开的几次学术会议,便是他以中国烟草学会的名义召集有关专家召开的。1986年,朱尊权在北京召开了吸烟与健康的会议,以中国烟草学会的名义邀请中西医专家研究卷烟中添加中药的可能性,研究卷烟在减害的同时还能提高免疫力的可能性。之后不久,中国烟草学会和中国烟草总公司联合在河北承德召开了药物型卷烟研讨会,他也是会议的主要筹划者。

图 7-9 中国烟草学会组织召开药物型卷烟研讨会(1986 年摄于河北承德,左二为曾担任周恩来保健医生的卡志强,右二为江文伟,右三为王承翰,右四为朱尊权)

自中国烟草学会成立之日起，朱尊权便在学会中担任职务，直到 2000 年因年龄原因成为学会顾问。之后，仍多次参加学会活动。他一直担任自 1992 年由中国烟草学会创办的学术刊物《中国烟草学报》的主编一职，直至 2012 年。

在研究卷烟的减害降焦过程中，朱尊权认为针对降焦的同时香味也有所减少的实际情况，可以考虑开展香料香精研究，在卷烟中增加加香工艺。这并不是一个新的研究课题，在 60 年代他就曾开展过针对一些天然香料的研究，探讨过将之加入卷烟中的可能性，国外也已经开展卷烟的加香工艺多年。1985 年，在他的倡议下，研究所成立了香精香料室。

招收研究生

经过"十年折腾"，研究所里身体不大好的老先生都已经无法继续开展工作，剩下的只有朱尊权、王承翰、孙瑞申等少数几位。朱尊权开始考虑年轻人的培养问题，以前的同事袁行思已经到了北京，在轻工业部工作，后来又调到轻工业研究院担任领导职务，他将培养年轻人的想法告诉了袁行思，袁行思对烟草行业科研的现状太了解了，对朱尊权的建议强烈支持，于是在他们的共同努力下，1982 年，研究所获得了培养中国轻工业科学院研究生资格。全国轻工业行业共有 18 个研究所，获得此资格的只有少数几个而已。

很快，研究所就迎来了第一批研究生，他们是谢剑平、刘立全、施雄伟、李云和赵明月。在北京学习完一年的基础课程之后，他们回到郑州，开始做研究论文。在研究所里，朱尊权、王承翰和孙瑞申分别给他们讲课，朱尊权主要讲授烟草史、行业现状及发展展望；王承翰讲授卷烟配方；孙瑞申讲授烟草化学。

研究论文的选题是由几位老师共同商定后提出的，都与烟草香料合成有关，分别为吡嗪类香料合成、薄荷吸附剂的研制和棕色化反应香料的合

图 7-10　朱尊权、王承翰和孙瑞申（20 世纪 80 年代摄于海南）

图 7-11　朱尊权与刘立全讨论期刊用稿

成，与烟厂的实际运用关系紧密。

朱尊权、王承翰和孙瑞申此时已过或接近花甲，但对研究生培养异常重视。从选题、实验仪器操作、文献整理和综述、论文写作甚至文中表格的排列、英文字母的规范写法和标点符号的使用都一一指导。他们定期与研究生面谈，据刘立全回忆朱尊权当年和他谈试验和论文的时候，永远是一丝不苟，连称呼也是"刘立全同志"。

如今，郑州烟草研究院每年招收研究生已有一定规模，历届毕业生中多有行业内佼佼者，如谢剑平、张建勋、赵明月、刘立全、胡有持等，其中谢剑平已于 2011 年底当选为中国工程院院士，成为继朱尊权之后我国烟草行业的第二位院士。

图 7-12　郑州烟草研究所 85 届硕士学位证书颁发大会合影（前排左一为袁行思，左三为孙瑞申，左五为朱尊权，右三为王承翰）

第一次中美合作

为提高我国烟草生产水平，1985 年，中国烟草总公司提出了"计划种植，主攻质量"的方针。1986 年 7 月，在中国烟草总公司统一领导下，第一次中美合作试验开始，为期三年。美方专家为左天觉、查普林和琼斯，中方专家为朱尊权。双方共同选定四个烟区为试验区：河南和贵州为烤烟开发试验点，湖北和四川为白肋烟开发试验点。每年的 7—8 月是烟叶收获的关键时期，此时品质较好的腰叶已经成熟，开始烘烤，上部烟叶也待采收，因此，自 1986 年开始连续三年，四位专家都在这最炎热的时期带着技术人员奔赴四省的烟田，查看烟叶生产和加工情况。

尽管朱尊权和左天觉已经前期调查过国内主要烟区，对烟叶生产中出现的问题有所掌握，但是在向烟农推广烟叶种植技术的时候还是碰到了意

第七章　第二个春天　129

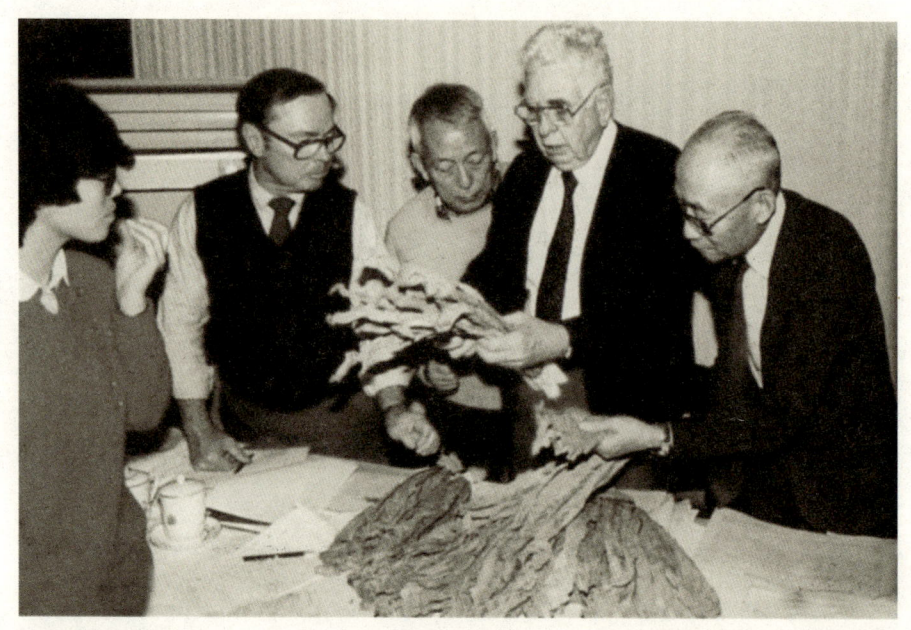

图 7-13　中美烟草专家在第一次合作中（右一为左天觉，右二为查普林，右三为朱尊权，右四为琼斯）

想不到的困难。

有一次，在白肋烟产区湖北省建始县，朱尊权和其他几位专家碰到了一件让他们奇怪的事情，按照他们提出的生产技术要求，当地烟农去年种植的白肋烟质量已经有了相当的提高，但是今年却又下降了。经过仔细询问烟农仍百思不得其解，他们整整为此事忙碌了一整天，每个技术环节都审查一遍仍然查不出原因所在。第二天，技术人员仍留在该地，终于发现了问题所在：烟农在他们要求绝对不能施肥的阶段施肥了。而在他们询问的时候，烟农却没有如实回答。

原因很简单：施肥可以增加氮量，增加白肋烟的株高、茎围、有效叶片数和叶面积，烟叶的产量相应提高，并且无论施肥与否，在烟叶销售的时候，等级差别并不明显，增加产量就能增加收入，这是烟农的利益所在。而对朱尊权和其他专家来说，施肥增加了氮量，直接导致烟叶中的烟碱含量过高，品质下降。

朱尊权和左天觉开始意识到了烟叶分级和收购体系存在的问题在一定

程度上阻碍了优质烟叶的开发,在之后的日子里,他们频繁地遭遇类似的问题,而这些问题不是仅仅通过技术手段所能解决的,而是需要从全局的视野来考虑,采取系统性的办法来解决。朱尊权认为:

> 在改革的大好形势下,对烤烟的价格体制、价格政策、收购办法通盘考虑;打破老框框,砸破"大锅饭",做到真正的按质论价、优质优价,以加速促进烤烟真正质量的提高,正是大好时机。烟草全行业应该把这个问题提到主要议事日程,烟草专卖要求统一管理,但不等于统死、限制竞争、保护落后。诸如各地烟叶质量不同,是否应考虑适当的地区差价?同一行政区而烤烟质量显然不同,包括各种形式的试点是否也应考虑给予适当的差价?等级差价已作了一些调整,是否应考虑进一步的改进以利于提高质量?收购办法如何在与农民订产购合同时,逐步纳入一些主要的有约束性的技术要求以利于提高真正的质量?烟厂和产烟县能否逐步开辟直接的产供渠道?等等。这类问题都有赖于全行业的职工,特别是搞经济、经营管理的同志们开动脑筋,在中国烟草总公司的统一领导下逐步制定出改革方案。这个问题解决得好,能给真正改善烤烟质量的技术推广扫清障碍。则真正大幅度提高烤烟质量指日可待。①

1988年10月,第一次中美合作试验总结会议在北京召开,试验非常成功,鉴于朱尊权近年来在提高烤烟质量方面做出的卓越贡献,国家烟草专卖局授予他"全国烟草系统劳动模范"的称号。

第一次中美试验合作,基本上解决了"营养不良,发育不全"的问题,而"成熟不够,烘烤不当"的问题也在一定程度上得到缓解,但中国烟草总公司认为意犹未尽。这次成功的合作,为第二次中美合作开了个好头。

---

① 朱尊权:对当前如何尽快提高烤烟质量的探讨.《烟草科技》,1985年第2期,第2-6页。

第二次中美合作

1996年，为开发优质烟叶，中国烟草总公司与菲利普·莫里斯公司亚洲集团进行技术合作，这被烟草行业称为"第二次中美合作"。这次合作为期四年，分别在河南、福建、湖北和新疆建立的烤烟、白肋烟、香料烟技术合作点展开。朱尊权再次与左天觉博士合作，联合担任本次合作的顾问。

此次技术合作的基础，是菲莫公司将利用中国的某卷烟公司生产自己的知名品牌万宝路，根据协议，万宝路必须在一定时期内使用一定比例的中国烟叶，因此，菲莫公司派出自己最好的技术专家到中国帮助提高中国的烟叶生产。

在菲莫公司派出的专家中有一位年轻人，名叫史密斯，和朱尊权一样，他也毕业于肯塔基州立大学农学院，两人自然有着许多的共同语言。国内烟叶种植过程中的问题，朱尊权比史密斯要清楚得多，他真诚地将这些问题告诉史密斯，毫无保留，而如何将问题向烟农和中方技术人员提出，史密斯也往往先征询朱尊权的意见。一来二去，二人合作非常亲密，以至于史密斯把朱尊权视为第三个父亲：第一个是自己的亲身父亲，第二个是他在南美工作时遇到的一位农学家，而朱尊权则是第三个父亲。史密斯这样评价朱尊权：

> 我结识的朱先生是一位学者、仁者、韧者，不光有广阔的胸襟，卓识高远，而且还是位虚怀若谷、虚心好学、礼让后生的前辈，这么好的人是值得当作父亲去尊敬、去爱戴的。[1]

此时的朱尊权已经接近80高龄，每天仍和其他技术人员一样到烟田

---

[1] 张红：《朱尊权》。北京：中央文献出版社，2004年，第282页。

图 7-14　第二次中美合作专家在河南烟田（左一为史密斯，左二为朱尊权）

看烟叶的生长情况，但是只要史密斯在，情况就会不一样。每到烟田，史密斯就把朱尊权拦下，让他在田边等待，自己大步跨进去视察一圈后出来，把烟叶生产中的问题告诉朱尊权，然后征询朱尊权对问题的看法。

在任何时候，朱尊权都是以极为认真的态度来对待工作，时时刻刻为整个烟草行业的发展费心思。1997年6月17日，时任国家烟草专卖局局长的倪益瑾在郑州烟草研究院考察时指出，全行业的科技人员都要学习朱尊权同志的奉献精神，科研人员应讲究气质、品德和奉献，具有强烈的爱国心和事业心。

中国烟草博物馆

1988年，朱尊权和袁行思、孙瑞申、王承翰、张逸宾、金敖熙、葛起乔、冯中夫、苗临运、童谷余、江文伟、潘锡光等一批烟草行业的老专家在浙江宁波参与《中国大百科全书〈轻工卷〉》烟草工业分支的审稿会议。会议期间，这批来自全国各地、从事烟草事业数十年的老专家们回忆起这些年我国烟草事业的发展，不禁感慨万千，于是他们决定联合向国家烟草专卖局建议成立烟草博物馆。他们在一份共同署名的倡议书中写道：

> 在大百科轻工卷烟草分支审稿之际，参其事者曾有一共同想法，即筹建一座烟草业博物馆云云。事阅数月，未有进展，如仅成于思停于口，而不谋诸行动，窃以时不我与，将贻后世之讥，亦遗憾于今日。同仁等筹思再三，深感此举在当前条件已经成熟：国家设有烟草总公司统率全国，率土之滨非烟公司莫属，盛况空前，应有继往开来之举，此其一也；中国烟业之量，世界之冠，举世瞩目，足以自豪而羡于人，此其二也；环观各烟厂各地方莫不有厂史和地方志之编辑，国内其他行业建馆筹馆已着先鞭，国外烟业亦然，此其三也；当前正值改革盛世，各地技术改造纷起，科研成果累累，从历史到进展、从政策到生产，搜集整理，以示于人，岂仅启迪交流之功，亦鉴往知来史料之积累，此其四也；郑州烟草研究所新建大楼即将落成，可以从中辟出数间暂作馆址，筹成以后可再扩建亦可迁地为良，至少当前可以少花钱多办事，此其五也。同仁等不揣芹曝之献，作此倡议，是全国同行有同感者奋起赞襄此事，是厚望焉。倘蒙公司领导采纳，可考虑采用下列措施：（1）转发此倡议书至公司所属司、厂，征询筹办意见。（2）广泛征集各种有关烟业文献资料，如古今烟草著作、厂史、地方志……等（印刷本或复印本均可）。（3）征集烟草有关文物，如文学、绘画、商标工艺品等。（4）征集生产工具、生产模型、录像、幻灯片、各种烟具……等。（5）作为专项，拨给经费或发动赞助共襄盛举[①]。

尽管此事得到国家烟草专卖局领导的高度重视，但要建立一个实体并

[①] 袁行思，江文伟，赵晓阳．溯源：16年前那份不应忘记的倡议书．《中国烟草》，2004年第11期，第29页。

不是件易事，其中又因为种种原因，此事被耽搁了多年。2002年，我国第一座烟草博物馆在上海破土动工，朱尊权作为当年的倡议人及新中国烟草事业的见证人被邀请去参加奠基仪式，次年年底，烟草博物馆在上海落成。

  2005年5月，在国家烟草专卖局党组的安排下，烟草行业300多名离退休老同志一同参观了上海烟草博物馆，朱尊权也在此列。在烟草博物馆内，朱尊权思索良久，写下题词："烟草飘香数百载，有功有过；减害增益为人民，化过为功——宿愿尚待不懈创新"。

第八章
迈入新世纪

当选中国工程院院士

1997年11月24日,正在福建莫菲合作烟区参加合作总结会议的中美技术专家们得到了一个来自北京的好消息:和他们一起参加此次会议的朱尊权当选为中国工程院院士,成为当时中国烟草行业唯一的院士!整个会场顿时沸腾起来。晚上,地方烟草公司设宴为朱尊权庆贺,气氛十分热烈。

在答谢时,朱尊权表达了三点感想:第一,对获此殊荣,尤感意外;第二,自己的工作都是在同事们的帮助下完成的,荣誉属于大家;第三,自己当选为中国工程院院士,是对中国烟草行业多年来所从事的科研工作的认可。

多年以后,在回忆起当年当选工程院院士的时候,朱尊权再次重申了这三点感想。他说,当年虽申报中国工程院院士,但自己并未抱多大希望,而且后来中国工程院认为材料不够,需要朱尊权进行补充,而他忙于在烟区开展中美合作，这些补报材料的工作还是由自己的几个学生帮忙完成的。

当选院士之后，各种荣誉随之而来，在这些荣誉面前，朱尊权显得比较冷静。中美合作提高烟叶质量的研究还在继续。他和左天

图 8-1　中国农业大学聘朱尊权为客座教授的聘书

觉，两位身体硬朗的老人仍然活跃在国内的几大烟区，而不顾双方都已年近八旬，他们把身体健康归功于常在烟田"跑"。

两次全方位的"中美合作"给中国烟草生产带来的不仅是烟叶品质的提高，而且让技术人员和烟农的观念发生了变化。问题是明显的，要解决这些问题也不是一蹴而就的，比如到目前为止，烟叶的成熟度问题仍然由

图 8-2　国家烟草专卖局庆祝朱尊权当选工程院院士会议合影

第八章　迈入新世纪　　**137**

于种种原因无法得到彻底解决，但是比较乐观的是，问题正在朝着解决的方向变化。

在回顾我国数十年的烟草发展史时，郑州烟草研究院副院长张建勋认为：

> 每当发展到最关键的时候，就需要有一个人站出来，为整个行业的发展掌舵——他必须清楚这个行业的每一个环节——现在看来，朱尊权院士就是我们烟草行业研究的掌舵人：20世纪八九十年代他力主提高烟叶质量，并带头开展相关技术攻关，现在看来是把整个行业带入到一个快速发展的道路上来；提出卷烟发展应该关注"减害降焦"而不是"降焦减害"，为整个烟草科技研究提供了新的思路；开展上部烟研究，也必将大幅提高优质烟叶的产量，为行业提供可用性更强、选择范围更广的优质烟叶。[①]

羊栖菜多糖

朱尊权是这样一个人，任何时候都在以严肃的态度面对与烟草相关的任何事情，羊栖菜多糖的发现也许就能很好地说明这一点。

2003年，一位名叫周细才的温州洞头县渔民，手上提着一瓶特殊的液体来到郑州，敲开了烟草研究院的大门，他希望烟草研究院的研究人员们能帮他解开这瓶液体的谜底。

在周细才所在的村庄，人们多年以来以捕鱼为生，渔民在出海捕鱼的时候，生活单调，缺乏与人之间的交流，因此常以吸烟解闷和解乏，长此以往，常常口腔干燥上火，喉咙疼痛。于是有经验的老渔民常将一种特殊

---

① 张建勋访谈，2011年10月26日，郑州。资料存于采集工程数据库。

的海藻掺入卷烟中，以此避免吸烟时口腔和喉咙干燥。周细才也尝试着做了一下，果然发现吸烟时口腔生津，但爱琢磨的他并不满足于此，在网上搜索良久，得知郑州有一烟草研究院，因此来到这里希望研究人员能帮助他找出这种海藻加入卷烟中生津的原因。

远道而来的周细才找到朱尊权，希望能够得到他的帮助。这种现象立即引起了朱尊权的重视，一方面，在卷烟中添加某些物质来改良吸食感受，这与他提倡多年的新混合型卷烟的思路不谋而合；另一方面，吸烟者口腔干燥也是多年来一直困扰朱尊权的问题，如果吸烟时口腔干燥的问题能够得到解决，那么此项技术必将大有应用前景。

因为气候炎热，周细才带到郑州来的液体已经开始有些变质，尽管如此，朱尊权还是将其掺入卷烟，吸食后发现生津效果非常明显。朱尊权意识到这是一项值得进行的研究。

如果向国家烟草专卖局或者郑州烟草研究院申请研究经费，自然没有问题，但是申报、立项需要一个周期，于是朱尊权直接从自己的院士基金中拨出一部分经费设置了一个"天然植物提取液在卷烟产品上的应用研究"的课题，决定立即开始研究。这项研究并没有惊动很多人，除朱尊权外，还有香精香料研究室的胡有持和研究院科研开发处的孟庆华。

研究伊始，朱尊权设想以这种海藻晒干后直接添加入卷烟的方式加以应用，但这样加工后的卷烟有着海产品特有的腥味，吸食感很不好，于是朱尊权和胡有持开始提取这种海藻生津的有效成分，经过若干次试验之后终于将目标定位到多糖上。

这种海藻的名字叫羊栖菜。羊栖菜多糖是一种棕色固体，可溶于水和酒精，在试验之后，朱尊权和胡有持能够有效地获得羊栖菜多糖的水提

图 8-3 经过处理后的羊栖菜

取液和乙醇提取液。加入卷烟之后，出现了一个问题，那就是砷含量超标，这是富含于海产品中的一种重金属，很难去除掉。有效地去除其中的砷，花费了朱尊权和胡有持差不多一年的时间。

接着是毒理试验，将羊栖菜多糖添加入卷烟之后，必须从科学上验证其无毒性，朱尊权与中国军事医学科学院的朱茂祥教授合作，利用小白鼠开展卷烟烟气毒理学实验。确认无毒之后，朱尊权和胡有持开始将羊栖菜多糖提取液加入卷烟中，开始对比吸食。

朱尊权感觉到了明显的生津润喉效果，但他又在院里找到几位评吸委员一同对比吸食。几位不领评烟补贴的评吸委员义务进行评吸，甚至一度触发了办公室的烟雾报警装置。生津润喉的效果是明显的，这是评吸委员的一致观点，但是朱尊权坚持认为自己年龄太大，感官老化，感觉未必准确，必须要有更多的人加入到试吸中来，如果的确能得到好的评价，才能说明羊栖菜多糖的确适用于添加到卷烟中。于是，他在郑州烟草研究院找到24名志愿者，新郑烟草集团技术中心找到100名志愿者，进行试吸。

试吸结果再次验证了羊栖菜多糖的有效性。其中87.7%的志愿者认为有生津作用，76.4%的志愿者认为有润喉作用，71.7%的志愿者认为有利痰作用；88.7%的志愿者认为抽吸后口腔干净，63.2%的志愿者认为烟气无异味；83.0%的志愿者认为试验卷烟烟气细腻，78.3%的志愿者认为烟香协调。

2009年7月8日，他主持的"羊栖菜水提取液的制备方法和羊栖菜水提取液在烟草中的应用"和"羊栖菜乙醇提取液的制备方法和羊栖菜乙醇提取液在烟草中的应用"获得国家发明专利，专利号分别为200610128283.3和200610128284.8。2012年2月1日，朱尊权主持的"羊栖菜多糖及其在烟草中的应用"获得国家发明专利，专利号为200610128282.9。

这三项有明显应用价值的专利很快就得到了上海坤大智能工程技术有限公司的关注，2008年4月2日，中国烟草总公司郑州烟草研究院和上海坤大智能工程技术有限公司技术合作签字仪式在郑州举行，在为期八年的合作协议上写道：

图 8-4　羊栖菜多糖技术合作签字仪式（2008年，郑州）

　　与对照卷烟相比，含有羊栖菜各种提取液的试验卷烟，其烟气无异味，烟气质量有一定程度的改善和提高，且有一定的生津、润喉等作用；试验卷烟主流烟气中自由基、TSNAs 的含量有一定程度的降低，试验卷烟的毒性明显降低。

　　为将该项目的技术成果进一步推广和产业化，加快项目的工业化进度，经协商双方就"羊栖菜提取液在卷烟中的应用专利成果产业化项目"达成共识。①

　　与众多束之高阁的发明专利相比，羊栖菜各种提取液的应用速度相当惊人，立即产生了效益，如今已运用于某品牌的超细支卷烟生产中，经专家评吸，加入羊栖菜多糖提取液的超细支型某品牌卷烟特点为：

----

① 中国烟草总公司郑州烟草研究院与上海坤大智能工程技术有限公司的合作协议。郑州烟草研究院胡有持研究员提供。

第八章　迈入新世纪

……香味优雅柔和,余味干净舒适,并具有生津回甜的特点。郑州烟草研究院提供的"海洋生物活性提取物"发挥了很好的作用。该产品的:焦油6mg/支,烟碱0.7mg/支,CO 6mg/支,抽吸口数6.3口/支。说明抽吸每口的烟碱达到0.1mg/支,符合男士正常吸用的高级卷烟需求的生理强度。而焦油、CO则大幅减少,具有"高香气、低焦油、低危害"的特点。[1]

正是朱尊权敏锐的判断力发挥了作用,以慧眼识出了羊栖菜运用于卷烟生产的价值。

上 部 烟

在开展减害降焦的研究时,朱尊权即已开始关注上部烟。在迈进21世纪时,朱尊权研究工作的重心也转到了上部烟上。

根据烟叶在烟株上的生长部位不同,烟碱、焦油的含量也不相同。通常,烟草工业、商业普遍认为腰叶品质最好,在生产好的卷烟时都选用腰叶,但是,在经过降焦处理之后,香味浓度显得较淡,因此工业上要求香味更浓、烟碱含量略高的烟叶,以补偿降焦后腰叶香味的不足,此时上部烟便能发挥相应的作用。

上部烟接收阳光照射和雨水滋润最充分,用来制作的卷烟香气浓郁,但烟碱和焦油量高,有刺激性气味,这就要求上部烟有良好的成熟度。在传统的烟叶生产和收购过程中,"黄、鲜、净"被认为是优质烟叶的外观条件,收购价格也最高,但实际上,成熟度较好的烟叶含有少量斑驳及斑点,这并不符合"黄、鲜、净"的标准。烟农也往往因为自身收入的问题,忽视烟叶的成熟度:

---

[1] 某品牌超细支卷烟评吸结果。郑州烟草研究院胡有持研究员提供。

为增加亩产收益，烟农坚持由经验形成的"七成收、八成丢"、"宁青勿糠"等传统观念，不愿做到适熟采收和适当烘烤。由于烟叶在田间生长达到生理成熟期时内含物最多，产量最高，所以不等到工艺成熟即行采收。若推迟采收不仅会导致烟叶重量减轻，推迟采收还有可能发生自然灾害（如冰雹、大风等）和病害（如赤星病等）的风险。此外，烟稻轮作地区，农民为了抢种后作，往往不管上部烟叶成熟与否，而采青烘烤。

当时烘烤技术及设备落后，如变黄程度过高与烟叶含水量的减少不能同步会造成糟片，烟叶带青，成熟度差些，不仅质量重，而且定级、定价尚可接受，而烤糟的烟叶定级定价很低；因此，烟农普遍采用"宁青勿糠"的作法，不愿追求高成熟度。[①]

在传统的烤烟生产过程中，本来能成为优质烟叶的顶部烟一直未能发挥自身优势。对于腰叶的过度关注以及烤烟等级与收购价格挂钩，上部烟

图8-5 朱尊权在提升上部烟质量项目攻关中采集的来自全国各地的烟叶样品

[①] 朱尊权：提高上部烟叶可用性是促"卷烟上水平"的重要措施.《烟草科技》，2010年第6期，第5-10页。

长期以来并未受到应有的重视。在国家烟草专卖局提出"卷烟上水平"要求的背景下,朱尊权认为产量占整株烟叶三分之一的上部烟能很好地服务于此目标。

2008—2009年,郑州烟草研究院与中国烟叶公司及河南中烟工业有限责任公司等单位合作,开展了提高上部烟叶可用性技术预研。2008年,通过重点改进上部烟叶采收标准和方法,约40%的上部烟叶可用于一、二类卷烟。2009年,又通过改进烘烤工艺,约60%的上部烟叶成熟度好、结构疏松柔软,淀粉含量明显下降,香气量较足,杂气轻微,既可用于一、二类卷烟配方使用,又有利于卷烟进一步降焦。朱尊权认为:

> 该研究如能在全国范围内推广,将能增加20%以上的烟叶供一、二类卷烟使用。卷烟上水平需要优质原料作保障。目前,国产上部烟叶品质欠佳,多数不能用于一、二类卷烟配方中,仅靠数量有限的腰叶,制约我国大品牌一、二类卷烟的发展。显然,提高上部烟叶的可用性是促进我国卷烟"上水平"快捷有效的措施。[①]

美国早已将成熟度较好的上部烟列入高等级行列。在20世纪50年代,美国主要以生产无过滤嘴的卷烟为主,烟叶的可用性以腰叶为最好,价格当然也就最高,到了七八十年代,卷烟的焦油量进一步降低,工业要求香味更浓、烟碱含量略高的烟叶以补偿腰叶香味的不足,因而上部烟叶的可用性提高,其价格也相应提高。比如菲莫公司大量使用成熟度好、香味更浓的顶叶,采取一系列工艺措施来降低偏高的烟碱,同时还配用优质的下部叶来调节卷烟的品质,配方用叶的范围从顶叶到下部叶,各种烟叶都可以发挥作用,将烟叶的可用性发挥到了极致。

而在我国,由于烟农的切身利益、烤烟分级与烟叶收购价格密切挂钩

[①] 朱尊权:提高上部烟叶可用性是促"卷烟上水平"的重要措施。《烟草科技》,2010年第6期,第5–10页。

等种种原因，上部烟一直处于被忽视的地位。经过数年的技术攻关，朱尊权证实我国上部烟具有相当好的可用性，但仍然难以在大范围内推广，这与我国烟草生产、销售体制有着相当大的关系。朱尊权意识到了这个问题，在《调整烟叶等级差价政策是发展现代烟草农业的重要机制创新》一文中，他写道：

  2008年郑州烟草研究院与河南中烟及烟叶公司合作在平顶山郏县进行了初步验证。与对照相比，按照顶部最上1片叶成熟后上部6片叶一次采收的做法，顶部1—3片叶推迟10d采收，4—6片叶推迟15d采收。成熟度提高了，品质有很大变化。叶片组织结构疏松、柔软，叶片略薄，色度更浓，淀粉含量降低，化学成分协调。经降焦处理后的样烟的评吸结果表明，与同品种的优质腰叶的样烟相比，由这些上部烟叶卷制的单品种样烟的香味显著较浓。粗略估计，达到完熟的烟叶约占50%。此初步研究成果的主要优点在于：①解决了大品牌卷烟上等烟叶原料数量不足的问题。上部6片烟叶重量约占整株烟产量的25%—30%，过去基本上不作上等烟叶使用。改进后至少有一半可以用，预计可以使大品牌卷烟上等烟叶原料增加10%以上。②解决了烤烟型低焦油卷烟香味不足问题。完熟的上部烟叶香味浓度大，可以弥补烤烟型低焦油卷烟香味不足。③增加了烟农收入，便于推广。按可用性定价后，可增加农民收益，受到欢迎，推广顺利。①

  同时，朱尊权也认识到要在全国、全行业内转变这种认识需要一个比较长期的过程，同时也需要农业部门、烟草工业、商业部门的共同努力，让烟农、烟厂、烟民都受益，形成一个良好的循环，这样才能逐渐提高上部烟的可用性，切实实现"卷烟上水平"的目标。

---

  ① 朱尊权：调整烟叶等级差价政策是发展现代烟草农业的重要机制创新。《烟草科技》，2009年第8期，第5页。

天 香 余 韵

　　凭借在烟草研究行业内数十年以来的成就，朱尊权本可安静享受这些成就带给他的荣誉，享受业内人士对他的尊敬，但他却没有闲住。

　　2004年底，中国烟草总公司郑州烟草研究院位于郑州市高新技术开发区的新址启用，已85岁高龄的朱尊权开始每天往返于新院址与家之间，在新办公大楼的三楼办公室里继续着他的研究工作。

　　新院址离旧址大约十余公里，这里距研究院在石佛镇的烟田不远，30年前，他和同事们一起时常在早上乘坐卡车过来，在烟田里劳动一整天，傍晚时分再乘坐卡车回去；30年后，他每个工作日的早上乘车过来，在办公室忙碌地工作一整天，下午再乘车回家。

　　因为朱尊权的年龄原因，烟草研究院已不主张他继续到全国各地的烟田考察。于是他每天在办公室与其他研究人员就他最为关注的上部烟生

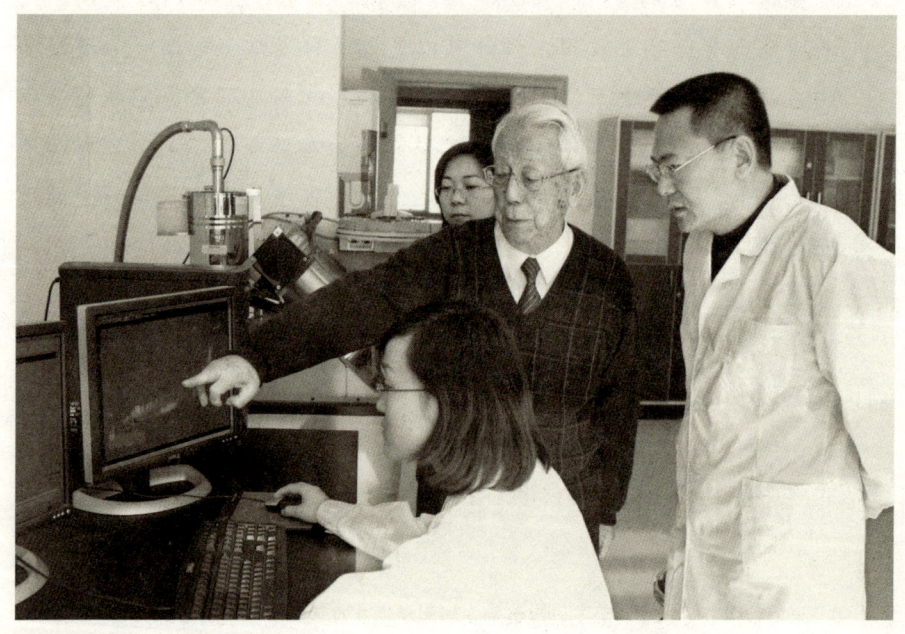

图 8-6　朱尊权在烟草化学重点实验室（2009年）

图 8-7　朱尊权院士在办公室（2010 年，采集小组摄于郑州）

产、理化性能指标检测等工作进行讨论，对下一步研究计划进行部署。在他办公室的一角，堆放着按照他的要求所生产并烤制过的烟叶。

他每天查看来自全国各地的信件，每天关注行业内的新闻。卷烟，已经成为他生命中最为重要的一部分。

74 年前，朱尊权决定投身烟草研究，吸下了第一口卷烟，这并没有给他带来美好感受的第一口烟，却在日后深深地迷住了他。来自于烟草的神秘天香，让他心甘情愿地付出了数十年如一日的研究，只是，当时萦绕在他脑海并困惑他多年的那些问题已经有了清晰的答案。

烟草种植虽属农业范畴，但它与粮食生产有着很大不同。我国大力发展粮食种植，首要目标是提高产量，满足人们的生存需要，而烟草种植则与质量关系很大，即使是在烟叶缺乏的年代，人们也希望能够购买到优质卷烟，满足自己对卷烟的吸食欲望。

提高烟叶质量便是朱尊权一生不懈的追求。20 世纪 60 年代，他提倡以"优质丰产"来代替"丰产优质"的指导方针；20 世纪 80 年代，他和左天觉博士明确指出我国烟叶生产中的问题，并全力以赴参加两次中美合作，目的也是为了提高我国烟叶生产的质量。如今，朱尊权在提高上部烟品质的研究上投入了最多的精力。本书成稿之时，他主持的郑州烟草研究院院士经费资助项目"提高上部烟工业可用性技术研究"（112009CY0020）和郑州烟草研究院科技项目"提高上部烟叶可用性及在大品牌应用的技术研究"（112009CZ0480）即将结题，为此，92岁高龄的朱尊权和年轻的科研人员一样，一丝不苟地准备着各种项目汇报材料。

和数年前相比，朱尊权如今心态更加平和。他认识到，提高烟叶生产水平，促进上部烟品质，不能一蹴而就，只有通过烟草农业、生产销售、卷烟工业、行业管理部门等单位的共同努力和协作才能逐步实现这个目标。

自从朱尊权61年前回国以来，我国的烟草发展史并不平坦，朱尊权亲身经历了这一切。20世纪50年代末、60年代初的烟叶缺乏问题，改革开放初期烟草工业发展的落后状况仍历历在目。目前，烟叶生产中"成熟不够，烘烤不当"的问题仍然存在，至今还没有完全掌握采收成熟度和烘烤过程的控制技术，全国行业内的减害降焦研究如今也在持续，提升烟叶生产品质还是永恒的研究主题。

但是，和数十年前相比，在朱尊权和一批批烟草科技工作者的共同努力下，我国烟草行业的发展有目共睹。烟草生产的品质提高了，降焦减害之后卷烟对人们的健康威胁降低了。在现代科技的帮助下，甚至连烟草天香的神秘色彩也开始逐渐消失，但在朱尊权的心中，那对于一丝丝淡淡天香的牵挂，对于全国烟民健康的牵挂，也许就是他如今仍持之以恒、坚持不懈的研究动力吧。

结 语

要将一位经历丰富老人的一生浓缩在短短的十几万字中，对我们来说是一项极为艰难的工作，更何况这是一位充满传奇色彩的老科学家。但也正是朱尊权这数十年来在中国社会的大背景下，在科研事业上浮浮沉沉的丰富经历，以及他所从事的烟草这个特殊行业，吸引着我们开始了艰难的尝试。

在历时一年多与朱尊权本人和他的同事们的交往和沟通过程中，我们对他的学术经历的认识逐渐清晰起来。他是中国近现代科技史上非常典型的一位科技工作者：生于民国初年，较早接受系统的西方科学教育，受实业救国思潮所影响，一生致力于为国家服务，求学时期受到抗日战争影响，有出国留学经历，新中国成立之后回国，在政治运动中受到冲击，改革开放后仍继续自己的研究工作……这也是与他同时代的许多科技工作者共同的经历，值得我们去做群体性的研究。但是，我们更希望从这些共同的经历中挖掘出朱尊权本人独特的内涵。

70多年如一日地专注于烟草研究是朱尊权一生学习和研究工作的一个重要特点。因此他的师承关系及其与国内外烟草行业的学术交往是本采集项目的重点关注内容。金善宝、魏禄、王承翰、左天觉、孙瑞申、袁行思、谢剑平、张建勋、胡有持、刘立全等处于他的学术交往和学术传承谱系上的人物，也是我们在访谈中重点关注的。通过文献和口述访谈，我们基本理清了朱尊权在国内烟草科技发展史上的位置和地位。

从学术论文和学术著作的数量上来看，朱尊权并不是一个多产的科学技术专家，他一生所发表的论文仅60篇左右，学术著作也屈指可数。但是，他一生的主要研究工作都密切围绕烟草行业而展开，如果我们将他一生的研究工作放置到中国烟草行业数十年发展的大背景下，从烟草行业数十年来对推动我国经济社会发展所发挥的作用来看，就能非常清晰地看出他研究工作的价值。

在20世纪50年代，国内烟叶缺乏，朱尊权和同事们的工作重心便是围绕解决这个问题而展开，包括烟叶的人工发酵、二茬烟和冬烟的研究、替代烟叶的研究，等等。对于这些研究，我们进行了深入访谈，并将访谈成果整理为一篇口述史论文发表在《中国科技史杂志》2011年第二期"采集工程专辑"上。20世纪60年代，朱尊权的工作重心转向新烟区的培育和卷烟工业方面的研究，如烟草薄片、香精、生产线改进等。朱尊权在"文化大革命"期间被打成反动学术权威，影响了他正常学术工作的开展，60年代末期至70年代是朱尊权在学术上的低谷期。恢复工作之后，朱尊权的研究中心转向卷烟的减害降焦和提升国内烤烟质量的研究，同时涉及烟草农业和烟草工业领域，成果丰硕。进入21世纪后，朱尊权的主要精力放在提高上部烟叶质量的研究上并持续至今。

除了科学技术研究上的贡献之外，朱尊权对于烟草行业的贡献还体现在对行业建制所起到的推动作用：在他的推动下，中国烟草总公司与国际烟草科学研究合作中心 CORESTA 接触并很快成为其会员，是为中国烟草行业走向国际的重要一步；在他的努力下，中国烟草学会于20世纪80年代初期成立，将全国烟草行业的研究者和研究机构联合起来成为中国科协下属的全国学会之一；在他和其他专家的共同呼吁下，国内烟草行业的第一座博物馆于2003年在上海开馆……他是我国烟草学术刊物《烟草科技》的主要创办者，曾长期担任刊物主编；为烟草行业发现和培养年轻人才，推动烟草专业研究生培养，等等。因此，他被业内人士称为烟草科技的"掌舵人"。

纵观朱尊权一生的研究工作，都密切结合国内烟草行业的实际问题而展开，研究成果也都很快在行业内得到应用，并取得经济效益和社会效益，这是他研究工作的另外一个非常显著的特点。

紧密团结同事和同行，在工作过程中精诚协作，这是朱尊权本人总结出来的工作之道，也是我们在整个采集工程中体会最深刻的一点。

或许，上述几个特点还不足以概括朱尊权一生的科研工作。我们希望各位读者用自己的视角，从这部书稿中发掘新的认识和体会，倘若真的如此，那么这本书也就达到了它的目的。

附录一　朱尊权年表

> 1919 年

2月3日，出生。父朱绶光，母赵希莲。在家排行第六，第三子，共有兄弟姐妹九人，按年龄顺序依次为：朱尊宪（女）、朱尊民、朱尊谊、朱尊德（女）、朱尊群（女）、朱尊权、朱尊慧（女）、朱尊志、朱尊华（女）。

朱绶光（1886—1948），字兰荪，生于福建。1905年赴日留学，入日本陆军士官学校炮兵科，与阎锡山、程潜、李烈钧等为六期同学。在日期间结识孙中山，加入同盟会，并与阎锡山、程潜、黄郛等人组织"铁血丈夫团"，投身革命。毕业回国参加了辛亥革命和二次革命，1914年任北京陆军大学教官，1917年再入日本陆军大学深造，是民国初年受过系统教育的极少数军事人才之一。1923年回国在陆军部任职，1926年2月应阎锡山之邀赴晋。其父朱蕴珊，翰林出身，清末曾在福建为官。

赵希莲，湖北襄阳人氏。

> 1925 年

在北平上小学，学校不详。

自小学时期起，请家庭教师教育传统蒙学经典，包括《三字经》、《论语》、《左传》等，与朱尊志一起学习。

1926 年

朱绶光赴晋任职。转入太原国民学校上小学。

1933 年

在北平育英中学学习一年半之后，转入山西铭贤中学。

1934 年

回到北平，住于北平城内东观音寺，于北平汇文中学上高中。

1935 年

12 月 9 日，积极支持北平"一二·九"学潮，但因家庭原因未能参加游行等活动。

1937 年

高中毕业。

4 月 10 日，朱绶光特加上将衔。

7 月，卢沟桥事变爆发。朱绶光要求全家迁移苏州。与朱尊群、朱尊慧、朱尊志、朱尊华共五人赴苏州，赵希莲与朱尊宪、朱尊德暂留北平。

8 月，与朱尊慧一起赴南京参加南方联大招考考试。

8—9 月，等南方联大发榜期间，暂住杭州市郊之江之畔，参加之江大学招生考试，与朱尊慧同被录取，但均未报到。

9 月，乘火车至武汉，住于一表叔家，南方联大发榜，被中央大学农艺系录取。

10 月底，乘"民权"号轮船由武汉出发至重庆，入学中央大学农艺系。

1939 年

决定以烟草为专业，开始学习抽烟。

1940 年

选择中央大学农艺系农艺组烟草专业。本届共五名同学选择烟草专业，其余四位为：王承翰、张逸宾、徐洪畴和洪承钺。烟草组的指导老师为金善宝教授。

1941 年

中央大学烟草试验田被日军炸毁，金善宝教授建议烟草专业五名学生以调查报告代替毕业论文。

夏天，与烟草组其他四名同学分头调查四川烟区。负责北边的新都、金堂、什邡、绵竹四县，调查历时 10 余天。从索晒烟区的烟农所采用的晾晒工具和糊米水加工方法中受到较大启发。

大学毕业，分配至四川省郫县烟叶示范场。下属有两路口试验场和什邡试验站。

9 月，到两路口镇试验场工作，同事主要是技术人员，研究设施缺乏，试验土地也是临时租用。

1942 年

在试验场设计了第一批烟草农业方面的课题。还未做出具体试验，烟苗便被醉汉丢下的火把烧毁，无法继续试验。

与王承翰、张逸宾、徐洪畴和洪承钺一同离开四川烟叶示范场，由烟草农业转向烟草工业。

到中元造纸厂工作。利用工作出差之便，到四川和陕西等地烟厂调研了解卷烟用纸的情况。

1944 年

在中元造纸厂的帮助和王承翰等同学的支持下在宜宾试验生产卷烟。

1945 年

到西安、许昌、武汉、上海等地烟厂调查和学习。

在朱尊民的支持下，决定留学美国。

1947 年

初秋，赴美留学，与朱尊慧一起，在大学同班同学张伯毅的帮助下，入伊利诺伊大学农学院学习。伊利诺伊大学农学院主要研究粮油作物，与其兴趣不符，萌生转学之念。

经与肯塔基州立大学农学院烟草教授魏禄联系，转入肯塔基州立大学农学院，跟随魏禄教授攻读烟草农业硕士学位。

在学期间多次光顾肯塔基州烟草拍卖场所，由此了解烟草生产和经营全过程。并对美国烟叶的分级制度产生兴趣，为日后中国烟草分级工作打下基础。参加美国农业部在肯塔基大学所在地举办的白肋烟分级培训班，由此了解了美国烟叶的分级理论和教学方法。

1948 年

2 月 14 日，朱绶光因脑溢血于武汉去世。家人未通知，半年后方知此噩耗。

用一年时间完成学业，硕士毕业。

经过考核，留魏禄教授烟草试验室工作。

用喷雾器改进抗野火病菌的烟草单株幼苗筛选过程，将半年的筛选过程缩短至两个月，从 200 株烟草幼苗中筛选出两个具有完全抗性的。

在美国订阅《华侨日报》和《中西日报》，关注中国内战局势。两份报纸分别是中国共产党和国民党的宣传阵地。

1949 年

王承翰来信频繁，转达华东工业部有关领导和军代表的意思，邀请回国。

姚雪英来信介绍国内情况。

提出离开魏禄教授的实验室，准备启程回国。

1950 年

3 月中旬，和其他三位中国年轻人一起，由洛杉矶登上货轮，踏上回国旅程。

4 月，到北京，住西单附近的留学生回国接待所，教育部推荐到华北农科所（今中国农科院）特种作物研究室工作，研究室只有一位姓赖的同志研究烟草，将带回来的材料部分交给了他。

将回国时带回来的烟草种子交给山东农科所的有关研究人员。

为避免卷入李森科、摩尔根的学派之争，特别是了解到鲍文奎的相关情况，最终决定从烟草农业转入烟草工业。

在王承翰和张逸宾的邀请下，离开北京，到上海与军代表詹浩生、华东工业部食品工业局薛葆鼎面谈，决定留上海工作。

5 月，在华东工业部卷烟工业组工作。

11 月 26 日，与姚雪英女士在上海结婚。

华东工业部接到任务，要求研制中国"最好的卷烟"，任务落到中华烟草公司，具体由王承翰牵头。朱尊权参加此项工作并主要负责烟叶配方的攻关工作。

研究半年之后，样烟经时任华东工业部部长的汪道涵送中央领导评吸后被认可，该卷烟后被命名为中华牌。主要负责烟叶配方的攻关。

写入党申请书，申请加入中国共产党。后来在詹浩生的建议下加入民盟。

开始小范围出版《烟草科技通讯》。

1951 年

中华牌卷烟开始在中华烟草公司二厂投入生产。

1952 年

国内烟叶缺乏，烟草醇化过程长达 2—3 年，陈烟严重不足，影响生产。提议烟叶人工发酵，对烟叶醇化过程进行人工干预，加快醇化过程。

年底，中华烟草公司并入上海烟草公司，生产中华牌卷烟的任务转给上海卷烟二厂。调任上海烟草公司技术研究室任副主任。

曾在英美烟公司管烟叶质量和配方的乐宗韶加入中华牌卷烟研究团队，一起掌握中华牌卷烟配方。

针对全国各产烟区烟叶等级混乱情况，研究制定了烟叶十六级标准，先后在华东区所属山东、安徽等省实行，次年推广至全国。

1953 年

年初，轻工业部烟酒工业管理局在上海召开全国第一次卷烟技术会议，要求制订《卷烟产品规格（草案）》和《卷烟配方统一管理方案（草案）》，和王承翰一起带领技术人员进行论证。

4月，提出配方改进措施，并提出卷烟的三种基本香型：浓香型、清香型和中间型。为中华等卷烟叶组配方奠定了理论和实践基础，同时也可为其他卷烟配方作参考。

中华牌卷烟改进配方获得轻工业部通过。

与王承翰、丁瑞康、韩育东等人一起，开展烟叶人工催化发酵工艺研究。

烟叶人工催化发酵工艺取得成功。

1954 年

轻工业部组织召开全国烤烟人工催化发酵推广应用工作会。

2月7日，上海二厂的人工催化发酵室开始启用。

10月22日，上海一厂的人工催化发酵室正式启用。

基本解决上海各烟厂中等以下的卷烟用料，部分解决中上等卷烟的烟叶问题。

上海烟草公司技术研究室改归轻工业部主管，更名为轻工业部烟草工业研究室。被任命为第一副主任，正主任空缺，全面主持研究室工作，办公地点在原来颐中烟公司的办公大楼。

因铝箔纸严重缺乏，开始进行卷烟包装纸防潮试验。

用蜡纸、牛皮纸、柏油纸、道林纸等进行包装纸防霉试验，结果发现柏油纸防潮效果较好。

华东工业部决定用柏油纸作为卷烟包装纸，自20世纪50年代开始至

80 年代初结束，共使用 20 多年。

1955 年

1955—1957 年，每年一次，连续负责三期全国烟草技术干部培训班组织工作并讲授烟叶品质鉴定和配方的课程，为全国各地烟厂培养了大批实用性专业人才。

开展二茬烟研究，以解决烟叶缺乏问题。

开展冬烟研究，以解决烟叶缺乏问题。

尝试从废烟中提取尼古丁，获得成功。

1956 年

参加国务院主持制订的"国家十二年（1956—1967）科技发展规划"，具体负责轻工业研究课题中有关烟草工业的部分。

1957 年

以特邀代表的身份赴京参加全国轻工业系统先进生产者代表大会，在中南海受到毛泽东、周恩来、刘少奇、朱德等中央领导人接见。

组织编写的《卷烟工艺学》出版。

创办不定期出版物《烟草科学通讯》，后改名为《烟草科技》，任主编。

1958 年

开展替代烟叶研究。从 59 种植物叶中初选 10 多种替代品，并选定荷叶作为替代品大量用于卷烟生产中。

9 月，研究室扩建为轻工业部烟草工业科学研究所，迁往河南郑州。将学生刘崇阳留在上海烟草公司，与乐宗韶一起负责中华牌卷烟配方。

1959 年

与广东农科院研究员戴冕合作研究冬烟。

7 月，《烟草科学通讯》停刊。

1960 年

轻工业部发文要求大抓烟叶，发展新烟区。

由轻工业部牵头，和余茂勋等人一起，主持发展新烟区工作，共持续两年多。

1962 年

通过鉴定试验，认为荷叶经高温发酵处理后可以做填充烟叶。

荷叶在乙级卷烟中配方增加到 5%，在丙丁级卷烟配方中增加到 8%。

1959—1962 年，替代烟叶在全国烟厂推广。仅郑州卷烟厂用了 22 万公斤荷叶和茭藕叶，增产卷烟 36600 箱。

作为起草烤烟国家标准的主要负责人，在 16 级标准的基础上，将烟草分级定为 17 级。

1963 年

开始烟草工艺方面研究，如车间的工艺改造（抽梗、打叶等）、烟厂设计、烟草机械改进、烟丝储存、烟丝风力输送等。

1964 年

继续推广和改进白肋烟和香料烟。

继续改进烟叶烤房。

1965 年

在许昌举办针对农业专科毕业生的培训班。

开展烟草化学方面研究，以香料实验（河南的枣精）和胶粘剂试验为主。

1966 年

5 月，在杭州卷烟厂帮助建设制丝车间和改进设备时，被电话招回到研究所，被批判为资产阶级反动学术权威，后来被定为反革命，从上海过来的技术骨干也因此受到牵连。

冬天，在河南省扶沟县练寺公社参加"斗批改"。

冬天，被造反派反手吊到烤烟房房梁上，手臂脱臼。一星期之后被放回连队，生活无法自理，受朱迪民照顾。

脱臼的手臂被附近镇上的骨科中医接好，但十指僵硬不听指挥，生活仍不能自理。

1967 年

被送到河南省医学院，诊断结果为双臂臂丛神经受损，之后回到扶沟县。

缓慢恢复，在省中医学院刘大夫的治疗下，几个月后康复。

回郑州，平时以学习和开会为主，偶尔去研究所自有的石佛镇农场劳动。在烟厂有要求的时候去帮助解决问题。

1968 年

下放到襄县乔庄劳动，两个月后被调到襄县郝庄，待了大半年时间。

1969 年

回到郑州。

与研究所的年轻人出差去青岛处理烟厂工艺上的问题，途经北京，停留两天，到青岛后发现先期过去的研究人员已经回郑州，因此没有进行具体工作返回。

与袁行思等人开始长期在长春烟厂帮助改进人参烟的工艺，对烟厂所用的红晒烟提出改进办法。

1971 年

《烟草科学通讯》复刊，改刊名为《烟草科技通讯》，担任期刊主编。

女儿朱勇进出生。

1973 年
《烟草科技通讯》正式定期出版，为季刊，继续担任主编。

1976 年
与研究所里工艺、化学和机械方面的相关研究人员开始研究辊压法薄片，在新郑烟厂中试成功，改进后在全国烟厂推广。

1977 年
与被邀请回国访问的左天觉博士一起到河南许昌襄县看烟叶。

重新走上工作岗位，恢复副所长职务，分管业务工作。

秋天，受时任轻工业部食品工业局苗志岚局长指定，到河南商丘参加全国烟草工作会议，并作学术报告。

1978 年
菲利普·莫里斯公司专家来访，朱尊权代表研究所与菲莫公司专家进行技术交流活动。菲莫公司专家邀请我国烟草专家访问美国。

1979 年
7月底，轻工业部组成六人团赴美考察，任副团长，团长为苗志岚。考察发现美国烟草行业的关注重点已经由提高质量、降低成本变为降焦减害。

从美国考察回来之后，开始研究卷烟降焦减害的问题。

与襄樊卷烟厂合作进行"膨胀烟梗丝的研究"。

1980 年
赴菲律宾参加CORESTA举办的烟草国际科技会议，会上菲律宾福川卷烟厂的总经理介绍滤嘴机械打孔稀释的办法，并赠送刺板。

邀请美国烟草分级专家来华授课，介绍美国烟草分级体系。

1981 年

与襄樊卷烟厂合作进行的"膨胀烟梗丝的研究"通过轻工业部组织的鉴定。

《烟草科技通讯》更名为《烟草科技》，继续担任主编。

1982 年

利用机械打孔稀释烟气技术的低焦油混合型卷烟诞生，通过中试，每支卷烟焦油排放量为 15 毫克，该卷烟被命名为"821"低焦油混合型卷烟，后获轻工业部科技进步成果二等奖。

担任硕士学位烟草工业分组评定委员会主任。

1983 年

担任中国烟草总公司科技委副主任。

1984 年

开始担任研究所名誉所长。

7 月 10 日，加入中国共产党。

7 月，左天觉博士以中国烟草总公司高级顾问的身份被邀请回国，专程参与改进中国烤烟生产指导工作，带 5 名国外著名烟草专家同行。作为中方专家陪同考察云南、贵州等地区，为期 20 多天。

和左天觉博士共同建议，中国烟草总公司加入烟草科学研究合作中心（CORESTA）。

1985 年

倡导研究所成立香精香料室。

3 月，被国家科委发明评选委员会聘为发明奖特邀审查员。

5 月，中国烟草学会成立，任副理事长，同时任中国烟草学会工业专业委员会主任。

6 月，轻工业部烟草工业科学研究所划归中国烟草总公司，更名为中国烟草总公司郑州烟草研究所，任名誉所长。

为郑州烟草研究所争取到培养中国轻工业科学院研究生资格。当年，五位研究生入学，朱尊权为研究生讲授烟草概况和发展趋势。

1986 年

7月，中国烟草总公司统一领导的中美合作试验开始，为期三年。研究组成员还有左天觉、查普林和琼斯，选定河南、贵州为烤烟开发试验点，湖北、四川为白肋烟试验点。

7月31日—8月4日，与左天觉博士、查普林博士一起考察湖北省恩施市、建始县等四个白肋烟生产出口基地。

8月4—10日，与左天觉博士、查普林博士到贵州省遵义地区考察烤烟生产。

在北京召开了吸烟与健康的会议，以中国烟草学会的名义邀请中西医专家研究卷烟中添加中药的可能性，希望在减害的同时提高免疫力。

8月，主持在河北承德召开的药物型卷烟研讨会。

10月26—30日，参加CORESTA在意大利西西里岛托尔米那召开的国际烟草科学大会。

中国烟草总公司被选入CORESTA领导层，朱尊权成为理事会的12名理事之一。

1987 年

《烟草科技》改为双月刊。

12月13—17日，在北京参加"中美合作改进中国烟叶质量"1987年试验总结会。

1988 年

秋天，CORESTA在广州召开第九届国际烟草科学大会，是第一位来自中国的大会特邀报告人，主题为《烟草的传统与创新》。

8月，中国烟草总公司郑州烟草研究所改建制为中国烟草总公司郑烟草研究院，担任名誉院长。

8月，分别在河南平顶山市和贵州遵义市召开现场观摩会，谈烟叶质量问题。

被国家烟草专卖局授予"全国烟草系统劳动模范"称号。

与王承翰、张逸宾、袁行思、江文伟等老专家一起倡议筹建中国烟草博物馆。

1988—1992年，担任CORESTA科技委员会委员。

1989年

中美合作改进中国烤烟质量研究获得国家科委科技进步奖二等奖，国家烟草专卖局科技进步奖一等奖。

5月17日—6月7日，与金茂先、李又彬、柯谦、王珩组成代表团，赴美参加了由《国际烟草》杂志和雷诺士烟草公司共同举办的第三届国际烟草展览会、学术报告会和CORESTA科学委员会工作会议，并参观考察美国的一些烟草公司、烟厂、实验室、醋纤厂、打叶复烤厂等。

1990年

1月9日，法国摩迪公司(PDM)科研发展部主任、世界烟草科研合作中心科技委员会委员兼工艺组主席巴斯凯维奇先生一行二人应邀到郑州烟草研究院，就卷烟盘纸的有关问题开展学术交流活动。

组织全国烟草行业的力量翻译左天觉博士的《烟草的生产、生理和生物化学》，次年与英文版同时出版。

1991年

5月23—27日，当选为中国科协第四届全国委员会委员。

开始编写《中国大百科全书》的烟草部分。

9月，获中国烟草学会颁发"从业五十周年"荣誉证书。

10月21日，经国家烟草专卖局报人事部批准，成为享受政府特殊津贴的有突出贡献专家。

11月，受聘为河南省烟叶生产技术协调组顾问。

1992 年

3月25日，接待日本烟盐博物馆代表团，就两国烟草历史、卷烟加工技术发展史及博物馆经验等方面进行交流。

中国烟草学会创办《中国烟草学报》，任主编。

1993 年

6月，受聘为湖南省烟草学会顾问。

12月10—20日，应台湾省食品工业发展研究所所长刘廷英的邀请，以团长身份，与瞿冬芬、苏德成、詹金华、周大友组成中国烟草学会赴台湾考察团，对台湾省烟酒专卖管理体制、烤烟生产、卷烟工业、食品加工和有关科研等14个单位进行为期10天的考察访问。

1994 年

5月7—25日，和左天觉博士一起对广东南雄、湖南郴州和福建三明烟区进行考察，之后又考察了江西赣中烟区。

1995 年

6—7月，在烤烟40级卷烟配方设计研讨培训班上，为学员就国内外烤烟分级标准的演变过程、40级标准与烟质、价格及烤烟40级标准对卷烟工业发展的促进作用进行了专题讲座。

1996 年

1月15—28日，赴巴西考察烟叶生产，包括烤烟和白肋烟。

中国烟草总公司与菲利普·莫里斯公司亚洲集团进行技术合作，开发优质烟叶，为期四年。再次与左天觉博士合作，联合承担该项目的技术顾问。合作期间，分别在河南、福建、湖北和新疆建立的烤烟、白肋烟、香料烟技术合作点展开。

1997 年

11 月 24 日，当选为中国工程院院士，当时正在福建莫菲合作烟区参加合作总结会议。

12 月 23 日，国家烟草专卖局致信祝贺朱尊权当选中国工程院院士。

1998 年

1 月 7 日，"国家烟草专卖局庆贺朱尊权同志当选中国工程院院士会议"在郑州烟草研究院举行。

5 月上旬，考察河南省宝丰县烟草公司科研所的商品化育苗。

6 月 2 日，被中国农业大学植物营养系聘为客座教授。

6 月，被河南农业大学聘为该校"251 人才工程"培养对象胡国松的导师。

7 月 4 日，到河南省宝丰县参加中国烟草总公司郑州烟草研究院平顶山烟草农业试验基地挂牌仪式。

9 月上旬，在河南省宝丰县考察 K326、RG17 两个烟叶新品种的生长情况。

11 月 15—17 日，在河南省安阳市与周瑞增一起主持《英汉烟草词典》编委会第一次会议。

1999 年

1 月 12 日，被郑州轻工业学院聘为烟草科学与工程专家指导委员会名誉主任。

5 月 8—9 日，参加在合肥经济技术学院召开的"烟草化学和烟气分析国际学术研讨会"，作题为"中国卷烟的发展方向——低焦油混合型卷烟"的报告。

5 月 11—12 日，在郑州参加国家烟草专卖局主办、郑州烟草研究院承办的"跨世纪烟草科技与生产发展研讨会"。

7 月 26 日，与左天觉博士一起考察云南省宾川白肋烟生产情况。

8 月 9 日，受聘为中国烟草总公司黑龙江公司烟叶生产技术顾问。

10 月 10—14 日，在苏州参加 CORESTA 会议。

10 月 14 日，《烟草科技》编辑部领导调整，任名誉主编。

中国烟草博物馆建设工作在上海启动。

2000 年

5 月 10 日，与谢德平等人合作的"气流平移步进型烤烟烘烤装置"被国家知识产权局认证为实用新型专利，专利号为 99213518.4。

11 月 1 日，被郑州轻工业学院聘为学术委员会名誉主任。

11 月 27 日，被聘为郑州市老科学技术工作者协会顾问。

2001 年

1 月 21 日，荣获河南省科技功臣荣誉称号。

6 月，受聘为《郑州轻工业学院学报》（自然科学版）学术顾问。

9 月 2 日，赴西安参加 CORESTA 烟气与工艺学组联席会议。

11 月 30 日—12 月 3 日，在湖南常德参加中国烟草学会第四届理事会第二次会议暨 2001 年学术年会。

2002 年

4 月 29 日，赴上海参加烟草博物馆奠基仪式。

6 月 27 日，与左天觉、金茂先等人考察武烟集团。

7 月 4 日，与左天觉、金茂先等人考察云南红塔集团。

7 月 8 日，与左天觉、金茂先等人考察河南农业大学国家烟草栽培生理生化研究基地生理生化和生物技术实验室。

7 月，担任中国烟草学会《2001 年学科发展蓝皮书》编审组组长，同时担任中国科协《2001 年学科发展蓝皮书》编委会委员。

7 月，参与编写的《烟草工业手册》获得烟草研究院 2002 年度科技进步奖一等奖，同年获得国家烟草专卖局科技进步奖二等奖。

12 月，受聘为河南省科协第六届委员会特邀顾问。

2003 年

1 月，赴广州参加中国烟草学会举办的博士论坛。

3 月 18 日，在郑州参加《英汉烟草词典》编委会第二次会议。

11 月 6 日，参加法国摩迪公司与郑州烟草研究院的学术交流活动。

12月25—27日，到上海参加中国烟草学会第四届常务理事会第四次会议暨2003年学术年会。

中国烟草博物馆在上海建成。

《烟草科技》被美国《化学文摘》和《烟草文摘》收录。

2004年

3月18日，张红所著《朱尊权》一书首发式暨烟草科技发展方向学术报告会在郑州召开。

6月18日，到厦门参加中式卷烟降焦减害发展论坛。

11月6日，到甘肃省嘉峪关参加《中国烟草学报》编委会会议及期刊编辑委员会会议。

11月11日，参与编写的全国烟草行业统编教材《卷烟工艺》（第二版）获得国家烟草专卖局科技进步奖二等奖。

11月23—25日，到武汉参加中国烟草学会第五次全国会员代表大会暨2004年学术年会。

2005年

5月，参观上海烟草博物馆，并题词"烟草飘香数百载，有功有过；减害增益为人民，化过为功——宿愿尚待不懈创新"。

5月，到郑州卷烟总厂参观新制丝生产线。

7月13日，郑州烟草研究院新一届评吸委员会召开第一次全体会员会议暨评吸会，与20名评吸委员会委员一起参加了会议。

7月28日，在郑州参加降焦减害工作座谈会。

9月8日，考察福建省武夷山烟叶生产情况。

11月25日，受聘为西北大学"吸烟与健康"研究及工程中心名誉主任。

11月30日，在海口参加中国烟草学会工业专业委员会烟草化学学术研讨会，做题为"对卷烟减害的探讨"的报告。

12月8—9日，在南宁参加中国烟草学会第五届理事会第二次会议暨2005年学术年会。

年底,《英汉烟草词汇》由化学工业出版社正式出版。该书收录涉及烟草农业、烟草工业和经营管理等方面的词汇共计五万余条,约93万字,历时六年。

2006 年

9月7日,到平顶山考察烟叶生产情况。

10月22日,到郑州卷烟总厂考察。

10月23日,在郑州参加中国烟草学会工业专业委员会烟草工艺学术研讨会。

11月25日,主持的"羊栖菜多糖及其在烟草中的应用"申请国家发明专利,并于2012年2月1日获得授权,专利号:200610128282.9;主持的"羊栖菜水提取液的制备方法和羊栖菜水提取液在烟草中的应用"和"羊栖菜乙醇提取液的制备方法和羊栖菜乙醇提取液在烟草中的应用"申请国家发明专利,并于2009年7月8日获得授权,专利号分别为200610128283.3和200610128284.8。

2007 年

8月24日,到北京参加中国烟草学会五届四次常务理事会议。

9月24日,河南省委、省政府举行全省专家学者中秋赏月茶话会,应邀出席会议,与河南省委书记徐光春谈河南烟草发展。

10月12—13日,赴武汉参加由国家烟草专卖局主办的"2007中国烟草自主创新高层论坛"。

2008 年

4月2日,中国烟草总公司郑州烟草研究院与上海坤大智能工程技术有限公司关于"羊栖菜提取液在卷烟中的应用专利成果"技术合作签字仪式在郑州举行。

5月5日,到平顶山烟区对建设现代烟草农业及烟叶生产进行考察调研。

10月20日,郑州烟草研究院建院50周年科技创新座谈会上,《朱尊权与中国烟草科技》纪录片开机。

11月3—7日，CORESTA2008年大会在上海召开，获得CORESTA理事会颁发的CORESTA科技贡献奖。

2009年

2月3日，90寿辰。国家烟草专卖局及河南省委相关领导来院祝贺。

11月13日，当选为由中共郑州市委宣传部、郑州日报社等联合评选的"感动中原60人"，同时当选的还有常香玉、任长霞、魏巍、邓亚萍等。

12月27日，中央电视台10套《科技人生》栏目播出专题片《中国制造》。

2010年

1月18日，获得河南省委省政府颁发的"中原科技奉献杯"奖。

2011年

3月23日，上海烟草集团有限责任公司"中华"品牌"突出贡献奖"颁奖暨品牌发展研讨会在郑州举行，朱尊权接受颁奖。

2012年

7月16日，因病在郑州去世。

7月22日，遗体告别仪式在郑州举行，党和国家领导人胡锦涛、温家宝、吴邦国等人敬献花圈。左天觉赠挽联"相交七十年如弟如兄，万事都商量何先我而去；切磋半世纪共甘共苦，一朝成永别愿魂兮归来！"。

附录二 朱尊权主要论著目录

论　文

[1] 朱尊权. 中国烟叶分级问题 [J]. 中华烟草, 1950 (2). 华东卷烟工业会报特辑.

[2] 朱尊权. 山东烟区考察报告 [J]. 中华烟草, 1950 (7).

[3] 朱尊权. 中国烟区的重要病害问题 [J]. 中华烟草, 1950 (8).

[4] 朱尊权. 关于烟叶分级中的绑把问题 [J]. 中华烟草, 1950 (11).

[5] 朱尊权. 中国烤烟分级标准拟议 [J]. 中华烟草, 1950 (11).

[6] 朱尊权. 关于烤烟分级标准的一些问题的意见 [J]. 烟草科技通讯, 1957 (2).

[7] 朱尊权. 卷烟提温防霉试验 [J]. 烟草科技通讯, 1958 (1).

[8] 朱尊权. 关于改进卷烟质量　提高科技水平的探讨——在全国卷烟质量会议上的发言 [J]. 烟草科技通讯, 1978 (1): 14-27.

[9] 朱尊权. 烤烟的质量 [J]. 烟草科技通讯, 1979 (3): 1-7.

[10] 朱尊权, 黄嘉礽, 金显琅, 刘奇聪, 赵元宽. 膨胀烟梗丝的研究 [J]. 烟草科技, 1980 (4): 1-5.

[11] 朱尊权. 浅论卷烟的焦油含量 [J]. 烟草科技, 1982 (4): 1-6.

［12］朱尊权. 世界卷烟生产及贸易——1981年卷烟产量［J］. 译文. 烟草科技，1982（4）.

［13］朱尊权，孙瑞申. 美国烟草生产科研动向［J］. 烟草科技，1983（2）：23-26.

［14］朱尊权. 怎样解决吸烟与健康问题［J］. 烟草科技，1983（3）：2-8.

［15］朱尊权. 对当前如何尽快提高烤烟质量的探讨［J］. 烟草科技，1985（2）：2-6.

［16］朱尊权，穆怀静，方淑杰. 我国卷烟焦油的现状和问题［J］. 烟草科技，1987（6）：18-19.

［17］朱尊权，方传斌，刘立全. 参加1986年国际烟草科学大会情况报告［J］. 烟草科技，1987（2）：5-8.

［18］朱尊权. 再谈烤烟生产主攻质量［J］. 烟草科技，1987（1）：2-8.

［19］朱尊权. 提高烤烟质量与分级标准的相互关系［J］. 烟草科技，1988（2）：2-5.

［20］朱尊权. 提高认识 加强协作 把烟叶质量搞上去——在全国烟草农业科技工作协调会议上的讲话［J］. 中国烟草科学，1988（3）：7-14.

［21］朱尊权. 卷烟产品发展方向（一）［J］. 烟草科技，1990（1）：2-6.

［22］朱尊权. 卷烟产品发展方向（二）［J］. 烟草科技，1990（2）：2-8.

［23］朱尊权. 烟叶分级和烟草生产技术的改革（一）［J］. 烟草科技，1990（3）：2-7.

［24］朱尊权. 烟叶分级和烟草生产技术的改革（二）［J］. 烟草科技，1990（4）：2-6.

［25］朱尊权. 鉴定白肋烟发展的方向［J］. 烟草科技，1990（6）：28-34.

［26］朱尊权. 中国的烟草事业——传统与创新［J］. 中国烟草学刊，1990（1）.

［27］朱尊权. 希腊香料烟考察报告［J］. 烟草科技，1991（1）.

［28］朱尊权. 参加烟叶生产工作的体会（1）［J］. 烟草科技，1991（2）：2-6.

［29］朱尊权. 参加烟叶生产工作的体会（2）［J］. 烟草科技，1991（3）：2-5.

［30］朱尊权. 对香料烟含青问题的看法［J］. 烟草科技，1992（1）：44.

［31］张建勋，孙瑞申，朱尊权. 酰基吡啶类烟用香料的合成研究［J］. 中国烟草学报，1992（2）：10-15.

［32］朱尊权. 浅谈皖南烤烟生产技术问题［J］. 安徽烟草科技，1992（3）.

［33］朱尊权. 当前我国优质烤烟生产中存在的问题［J］. 烟草科技，1993（2）：2-7.

［34］朱尊权. 当前我国优质烤烟生产中存在的问题［J］. 中国烟草工作，1993（5）.

［35］朱尊权. 论当前我国优质烤烟生产技术导向［J］. 烟草科技，1994（1）：2-5.

［36］朱尊权. 希尔博士谈烤烟生产技术［J］. 烟草科技，1994（5）：27-28.

［37］朱尊权. 生产优质烤烟特别是上部完熟烟的窍门［J］. 烟草科技，1995（5）：33.

［38］朱尊权. 烟厂必须正确对待烤烟分级新国标［J］. 烟草科技，1995（5）：2-6.

［39］朱尊权. 当前烟草生产技术几个问题的探讨［J］. 内蒙古烟草，1997（1）.

［40］朱尊权. 当前烟草生产技术几个问题的探讨［J］. 烟草科技，1997（1）：3-4.

［41］朱尊权. 中美烤烟生产技术合作的启示［J］. 湖北烟草，1998. 烟草科技专辑

［42］朱尊权. 当前制约两烟质量提高的关键因素［J］. 烟草科技，1998（4）：3-4.

［43］朱尊权. 我国卷烟降焦与发展混合型卷烟是一项艰巨的系统工程［J］. 烟草科技，1999（3）：3-5.

［44］朱尊权. 一项艰巨的系统工程——降焦与混合型卷烟［J］. 福建烟草，2000（1）.

［45］朱尊权. 烟叶的可用性与卷烟的安全性［J］. 烟草科技，2000（8）：3-6.

［46］王广山，朱尊权，尹启生，张树模，张祥林. 氮肥用量对白肋烟产质的影响. 烟草科技，2000（12）：34-37.

［47］朱尊权. 对中式卷烟的几点看法［J］. 中国烟草，2004（8）.

［48］朱尊权. 从卷烟发展史看"中式卷烟"［J］. 烟草科技，2004（4）：4-7；中国烟草学报，2004（2）：1-5.

［49］朱尊权. 对卷烟减害策略的探讨［J］. 中国烟草学报，2005（3）.

［50］朱尊权. 卷烟减害与自主创新［J］. 中国烟草学报，2006（1）：3-7.

［51］朱尊权. 重点品牌的原料保障——论政策及农、商、工交接收购方式的创新［J］. 烟草科技，2007（11）：5-7.

［52］朱尊权. 中国烟叶生产科研现状与展望［J］. 中国烟草学报，2008（6）：70-72.

［53］胡峰，朱尊权. 论全球化中烟草控制的国际政策协调［J］. 云南民族大学学报（哲学社会科学版），2008（6）：70-75.

［54］朱尊权. 调整烟叶等级差价政策是发展现代烟草农业的重要机制创新［J］. 烟草科技，2009（8）：5-6.

［55］朱尊权. 提高上部烟叶可用性是促"卷烟上水平"的重要措施［J］. 烟草科技，2010（6）：5-10.

著 作

［56］丁瑞康，王承翰，朱尊权，余茂勋，洪承钺，张泳泉，张逸宾编著. 卷烟工艺学［M］. 北京：轻工业出版社，1957.

［57］中国大百科全书出版社编辑部. 中国大百科全书·轻工卷 烟草工业部分［M］. 北京：中国大百科全书出版社，1991.

［58］左天觉著. 烟草的生产、生理和生物化学［M］. 朱尊权等译. 上海：上海远东出版社，1993.

参考文献

[1] 朱尊权. 中国烟叶分级问题 [J]. 中华烟草, 1950（2）. 华东卷烟工业会报特辑

[2] 朱尊权. 中国烤烟分级标准拟议 [J]. 中华烟草, 1950（11）.

[3] 朱尊权. 关于烤烟分级标准的一些问题的意见 [J]. 烟草科技通讯, 1957（2）.

[4] 丁瑞康, 王承翰, 朱尊权, 余茂勋, 洪承钺, 张泳泉, 张逸宾编著. 卷烟工艺学 [M]. 北京: 轻工业出版社, 1957.

[5] 朱尊权. 卷烟提温防霉试验 [J]. 烟草科技通讯, 1958（1）.

[6] 黄振勋, 张大鹏, 金懋暹, 朱梅. 科学技术名词解释: 糖烟酒部分 [M]. 北京: 科学普及出版社, 1958.

[7] 中国科学院上海经济研究所, 上海社会科学院经济研究所编. 南洋兄弟烟草公司史料 [M]. 上海: 上海人民出版社, 1960.

[8] 朱尊权. 烤烟的质量 [J]. 烟草科技通讯, 1979（3）: 1-7.

[9] 朱尊权, 黄嘉礽, 金显琅, 刘奇聪, 赵元宽. 膨胀烟梗丝的研究 [J]. 烟草科技, 1980（4）: 1-5.

[10] 朱尊权. 浅论卷烟的焦油含量 [J]. 烟草科技, 1982（4）: 1-6.

[11] 上海社会科学院经济研究所编. 英美烟公司在华企业资料汇编 [M]. 北京: 中华书局, 1983.

[12] 朱尊权. 怎样解决吸烟与健康问题 [J]. 烟草科技, 1983（3）: 2-8.

[13] 朱尊权. 对当前如何尽快提高烤烟质量的探讨[J]. 烟草科技, 1985 (2): 2-6.

[14] 《当代中国》丛书编辑委员会. 当代中国的轻工业[M]. 北京：中国社会科学出版社, 1986.

[15] 朱尊权. 再谈烤烟生产主攻质量[J]. 烟草科技, 1987 (1): 2-8.

[16] 朱尊权, 穆怀静, 方淑杰. 我国卷烟焦油的现状和问题[J]. 烟草科技, 1987 (6): 18-19.

[17] 张逸宾. 烟草春秋[M]. 北京：轻工业出版社, 1987.

[18] 朱尊权. 提高烤烟质量与分级标准的相互关系[J]. 烟草科技, 1988 (2): 2-5.

[19] 湖北省襄阳县地方志编纂委员会编纂. 襄阳县志[M]. 武汉：湖北人民出版社, 1989.

[20] 朱尊权. 中国的烟草事业——传统与创新[J]. 中国烟草学刊, 1990 (1).

[21] 朱尊权. 烟叶分级和烟草生产技术的改革（一）[J]. 烟草科技, 1990 (3): 2-7.

[22] 朱尊权. 烟叶分级和烟草生产技术的改革（二）[J]. 烟草科技, 1990 (4): 2-6.

[23] 中国大百科全书总编辑委员会. 中国大百科全书·轻工卷. 北京：大百科全书出版社, 1991.

[24] 朱尊权. 浅谈皖南烤烟生产技术问题[J]. 安徽烟草科技, 1992 (3).

[25] 朱尊权. 当前我国优质烤烟生产中存在的问题[J]. 烟草科技, 1993 (2): 2-7.

[26] 左天觉著. 烟草的生产、生理和生物化学[M]. 朱尊权等译. 上海：上海远东出版社, 1993.

[27] 中国科学技术协会. 中国科学技术专家传略·农学编·作物卷一[M]. 北京：中国科学技术出版社, 1993.

[28] 朱尊权. 论当前我国优质烤烟生产技术导向[J]. 烟草科技, 1994 (1): 2-5.

[29] 朱尊权. 希尔博士谈烤烟生产技术[J]. 烟草科技, 1994 (5): 27-28.

[30] 朱尊权. 生产优质烤烟特别是上部完熟烟的窍门[J]. 烟草科技, 1995 (5): 33.

[31] 朱尊权. 当前烟草生产技术几个问题的探讨[J]. 烟草科技, 1997 (1): 3-4.

［32］朱尊权．当前制约两烟质量提高的关键因素［J］．烟草科技，1998（4）：3-4．

［33］朱尊权．中美烤烟生产技术合作的启示［J］．湖北烟草，1998．烟草科技专辑．

［34］上海烟草志编委会．上海烟草志［M］．上海：上海社会科学院出版社，1998．

［35］顾祖舆．读史方舆纪要［M］．上海：上海书店出版社，1998．

［36］朱尊权．我国卷烟降焦与发展混合型卷烟是一项艰巨的系统工程［J］．烟草科技，1999（3）：3-5．

［37］中国科学技术协会．中国科学技术专家传略·农学编·作物卷二［M］．北京：中国农业出版社，1999．

［38］朱尊权．一项艰巨的系统工程——降焦与混合型卷烟［J］．福建烟草，2000（1）．

［39］朱尊权．烟叶的可用性与卷烟的安全性［J］．烟草科技，2000（8）：3-6．

［40］张红．左天觉传略［M］．北京：经济日报出版社，2002．

［41］朱尊权．从卷烟发展史看"中式卷烟"［J］．烟草科技，2004（4）：4-7；中国烟草学报，2004（2）：1-5．

［42］朱尊权．对中式卷烟的几点看法［J］．中国烟草，2004（8）．

［43］张红．朱尊权[M]．北京：中央文献出版社，2004．

［44］朱尊权．对卷烟减害策略的探讨［J］．中国烟草学报，2005（3）．

［45］朱尊权．卷烟减害与自主创新［J］．中国烟草学报，2006（1）：3-7．

［46］朱尊权．重点品牌的原料保障——论政策及农、商、工交接收购方式的创新［J］．烟草科技，2007（11）：5-7．

［47］朱尊权．中国烟叶生产科研现状与展望［J］．中国烟草学报，2008（6）：70-72．

［48］中国科学技术协会．中国科学技术专家传略·农学编·综合卷一［M］．北京：中国科学技术出版社，2008．

［49］中国科学技术协会．中国科学技术专家传略·农学编·作物卷三［M］．北京：中国科学技术出版社，2008．

［50］朱尊权．调整烟叶等级差价政策是发展现代烟草农业的重要机制创新［J］．烟草科技，2009（8）：5-6．

［51］朱尊权．提高上部烟叶可用性是促"卷烟上水平"的重要措施［J］．烟草科技，2010（6）：5-10．

［52］李茂盛．阎锡山大传［M］．太原：山西人民出版社，2010．

后记

在中国科协"老科学家学术成长资料采集工程"项目的统一部署下，我们于 2010 年秋天开始对朱尊权院士进行访谈及全方位的资料收集、整理工作，历时一年有余。

尽管之前已通过朱尊权院士的论著和传记，对他所研究的领域和个人经历有了初步认识，但初次到办公室拜访朱尊权院士时，我们的心情还是有些忐忑不安。当我们敲门并获得允许进入之后，推开门，便看见一位满头银发的慈祥老人，坐在位于宽敞办公室一隅的办公桌旁。因为事先已经预约，在说明来意之后，朱尊权院士很爽快地和我们聊了起来。

时年已 91 岁的朱尊权院士，思维、记忆力和听力丝毫体现不出他的高龄，超过 70 年的烟龄似乎也没有在他的身体上留下多少印记，所以和他的沟通比我们预想的要顺利得多。我们向他当面介绍采集工程所需要开展的工作时，他听得非常仔细，并把有些细节记在本子上。

因为业务研究的需要，他的办公桌上摆满了各种各样的卷烟。但是他在吸烟之前，会很客气地征询我们的意见，得到许可之后才会点燃一支。吸烟有害健康，这是他对吸烟一贯的态度，所以朱尊权院士告诉我们，他绝不劝人吸烟。

从 2010 年 11 月 16 日与朱尊权院士第一次当面沟通一年以来，我们之间的访谈越来越有默契，越来越自然，谈论的问题也越来越深入。在我们进行外围访谈的时候，朱尊权院士的学生和同事们，往往在不经意的几句话中，就将一位兼具专业修养和人格魅力的老科技工作者的丰满形象描绘了出来。

我们多次奔赴郑州，工作一个星期，然后回京整理一周以来采集得到的资料。如有需要补充或者进行深入访谈的时候，我们会再与朱尊权院士约定下一次的访谈时间。每次约好访谈时间之后，朱尊权院士便会按时到达位于郑州西开发区的烟草研究院 3 楼的办公室，这里离他位于市中心的家有二十余公里，但他每次都准时到达，从不耽误。

完成年表初稿之后，朱尊权院士逐字核实；形成传记初稿之后，朱尊权院士又亲自审读，对其中的错误进行修正。其后，在中国科学技术出版社诸位同仁的帮助下，本书稿的样书很快印出。2012 年 5 月 29 日，我们到郑州将样书送给朱尊权院士，希望能够听听他对样书及采集工程丛书的意见，但不巧他正因病住院，虽见着他本人，却只能将样书留下，希望他的病情早日好转之后再阅。

不幸的是，在 7 月中旬，我们得到了朱尊权院士去世的噩耗。一年多前那位满头银发、精神矍铄的老人似乎还在眼前，但我们却不得不接受这个事实。对人的一生来说，两年实属短暂，我们在这期间不仅经历了与朱尊权院士相识、熟知的过程，也见证了他因病而身体逐渐衰弱的过程，这是让我们永远都难以忘记的经历。

我们从各种不同的渠道得知，朱尊权院士最后关注的两件事情，一件是他尝试努力推动的上部烟质量提升项目，一件便是此传记。如今，高质量的上部烟已进入实际应用阶段，并有在更大范围内应用的趋势；我们也完成了这部传记。

现在完成的这部传记，不求完备，但求准确；无意拔高，但求平实。因为传主便是一位润物无声的平实的科技工作者，他的经历，吸引着我们，他的精神，感染着我们，所以，我们真诚地希望把这样一位老科技工作者介绍给各位读者。但作者们的知识背景和文字功底毕竟有限，如文中有不妥之处，还望大家不吝指正。

　　我们对在本书撰写过程中提供过帮助的人们深表感谢！他们是：郑州烟草研究院王瑞华副处长、张建勋副院长、胡有持研究员、刘立全高级工程师、张晓梅副主任、金萍老师、王平先生、张敬一先生。

　　最后，是我们最需要感谢的人，朱尊权院士！